Wolfgang Schlageter, Thorsten Oliver Rauhut

Einführung in die Theoretische Informatik

GRIN Verlag

Bibliografische Information der Deutschen Nationalbibliothek:

Die Deutsche Bibliothek verzeichnet diese Publikation in der Deutschen National-
bibliografie; detaillierte bibliografische Daten sind im Internet über http://dnb.d-
nb.de/ abrufbar.

Impressum:

Copyright © 2002 GRIN Verlag GmbH
Druck und Bindung: Books on Demand GmbH, Norderstedt Germany
ISBN: 978-3-656-37001-7

Dieses Buch bei GRIN:

http://www.grin.com/de/e-book/207880/einfuehrung-in-die-theoretische-informatik

GRIN - Your knowledge has value

Der GRIN Verlag publiziert seit 1998 wissenschaftliche Arbeiten von Studenten, Hochschullehrern und anderen Akademikern als eBook und gedrucktes Buch. Die Verlagswebsite www.grin.com ist die ideale Plattform zur Veröffentlichung von Hausarbeiten, Abschlussarbeiten, wissenschaftlichen Aufsätzen, Dissertationen und Fachbüchern.

Besuchen Sie uns im Internet:

http://www.grin.com/

http://www.facebook.com/grincom

http://www.twitter.com/grin_com

W. Schlageter   T.O. Rauhut

Einführung

in die

Theoretische Informatik

Heilbronn 2002

W. Schlageter

T.O. Rauhut

Einführung

in die

Theoretische Informatik

Heilbronn 2001

Vorwort

Die Theorie einer Wissenschaft beschreibt und erklärt die allgemeinen Strukturen, die dieser zugrunde liegen und die die jeweiligen konkreten Anwendungen logisch rechtfertigen. Für die Informatik nennen die grundlegenden Standardwerke (siehe Literaturhinweise) hierzu im Wesentlichen die Formalen Sprachen, die Automatentheorie, sowie hierauf aufbauend die Entscheidungs- und Komplexitätstheorie.

Ziel der vorliegenden Abhandlung ist es, eine Einführung in die schwierige und komplexe Thematik zu geben. Dabei werden hauptsächlich folgende Ziele angestrebt.

1. Den Leser mit den wesentlichen Denk- und Schlussweisen, so wie sie in der Theoretischen Informatik üblich sind vertraut zu machen.

2. Die wichtigsten Ergebnisse der Entscheidungs- und Komplexitätstheorie zu vermitteln.

Hierdurch sollte der Leser dann im Stande sein, sowohl die allgemeinen Ergebnisse der Informatik als auch sein eigenes Tun kritisch zu reflektieren. Darüber hinaus aber auch in der Lage sein, sich die weiterführende Literatur selbständig anzueignen.

Im einzelnen haben wir hierzu folgenden Weg gewählt: Nach einer kurzen allgemeinen Betrachtung über Theorie und Praxis wurden die wichtigsten Grundlagen aus der Logik, Mengenlehre und Algebra zusammengestellt. Diese sind, zumindest vom Inhalt her aus der Schule bekannt, so dass sich hier eine erste Möglichkeit bietet, mit der unter erstens angesprochenen Schlussweise vertraut zu werden.

Um den Zusammenhang zur Thematik nicht all zu sehr aus den Augen zu verlieren, bietet sich im weiteren der konkrete Bezug zur Boole`schen Algebra und dann als Anwendung die Schaltalgebra an. Für das zweite genannte Ziel haben wir uns exemplarisch auf den Algorithmusbegriff beschränkt. Einerseits wird hiermit auch der "reine" Praktiker täglich konfrontiert, andererseits glauben wir, dass das genannte Ziel hierdurch am "anschaulichsten" vermittelt werden kann. Wer darüber hinaus an Detailfragen interressiert ist, wird auf die weiterführende Literatur verwiesen.

Die Ausarbeitung und Gestaltung der vorliegenden Abhandlung übernahm Herr Rauhut, für die Auswahl und die Richtigkeit des Inhaltes zeichnet Herr Dr. Schlageter verantwortlich.

Heilbronn, im September 2001

T. O. Rauhut
Dr. W. Schlageter

Inhaltsverzeichnis

0. Warum sollten wir uns mit Theoretischer Informatik beschäftigen?

0.1 Einige Bemerkungen zu den Begriffen "Theorie" und "Praxis".

Wir verstehen unter einer *Theorie ein System von Sätzen, die in einem bestimmten wissenschaftlich begründeten Zusammenhang stehen.* Konkret wird sich diese auf gewisse Elemente bzw. Fakten beziehen, wobei die Aussagen hierüber mehr oder weniger logisch verknüpft sind. So analysieren wir in der Physik die Bewegungen von Körpern, die diese unter dem Einfluß bestimmter Kräfte ausführen. Dabei ergeben sich die Bewegungsgleichungen aus dem allgemeinen Newton`schen Kraftgesetz (Körper fallen unter dem Einfluß der Gravitation gemäss der Gleichung s= g/2 * t²).

Wir werden nun eine *Theorie* als *umso leistungsfähiger* ansehen, *je mehr Fakten des betreffenden Problembereichs durch sie erklärt werden.* Besonders eindrucksvolle Beispiele finden wir in der Physik: Die Maxwell`schen Gleichungen erklären das Licht als eine elektromagnetische Welle und erfassen somit das bis dahin getrennte Gebiet der Optik als einen Teil der Elektrodynamik.

Als weiteres Kriterium für die *Aussagefähigkeit einer Theorie* gilt, *in wie weit sie in der Lage ist, zukünftige Geschehensabläufe vorauszusagen.* "Savoir pour prévoir!" (A. Comte[1]). Auch hier liefert wieder die Physik bewundernswerte Beispiele: 1931 sagte W. Pauli (1900-1958) auf Grund theoretischer Überlegungen die Existenz eines Elementarteilchens, des Neutrinos, voraus und beschrieb dessen Eigenschaften. 1956 wurde es dann tatsächlich in exakt dieser Form entdeckt.

Eine *Theorie wird* nun *die genannten Forderungen umso besser erfüllen, je weniger konkrete Elemente sie grundsätzlich enthält,* anders gesagt: je abstrakter sie in ihrer Anlage ist. Denn sie soll ja gerade für prinzipiell Neues offen sein. So wußte George Boole (1815-1864) natürlich nichts von elektronischen Schaltungen, trotzdem beschreibt seine Algebra deren Operationen. Allerdings bedeutet nun gerade dieser hohe Grad von

---

[1] Französischer Philosoph, *1798, †1857, Begründer des Positivismus.

Abstraktion für denjenigen, der sich in eine solche Theorie neu einarbeitet, ein nicht unbeträchtliches Hindernis und fordert neben dem entsprechenden intellektuellen Vermögen ein großes Maß an Beharrlichkeit und Konsequenz.

Es ist somit verführerisch, mit dem britischen Ökonomen R. F. Harrod (*1938) zu sagen: "Stop talking and get on with the job!" und sich der *Praxis* zuzuwenden. Verstehen wir hierunter allgemein *jedes konkrete Handeln im Dasein eines bestimmten Lebensvollzuges*, so zeigt es sich aber, dass eine derartige Einstellung zu kurz greift. Denn *jedes* solches *Handeln setzt eine bestimmte Theorie*, zumindest *in einem gewissen Umfang*, voraus. Als Robinson auf seine Insel verschlagen wurde hat er beim Bau seiner ersten Hütte sich irgendeine Theorie der Statik zugrunde gelegt. Vermutlich keine sehr gute! Als seine Hütte zusammenbrach wird er sich für seine nächste einen verbesserten Ansatz überlegt haben, bis er schließlich glaubte, über die für ihn bestmögliche Theorie zu verfügen. Damit war er dann in der Lage, bei Bedarf schnell und ohne grössere Komplikationen sich einen neuen Bau zu erstellen. In der Tat: Kein konkretes Handeln geschieht planlos. Auch die einfachste Form der Problemfindung, der Versuch und Irrtum kann nie theorielos erfolgen: Der Versuch erfolgt nicht "blind", sondern nach Maßgabe allgemeiner Regeln, der Irrtum kann nur an Hand eines Kriteriums, das einer Theorie entstammt, überprüft werden.

Es erhebt sich die Frage, inwieweit der Handelnde sich seiner Theorie bewusst sein soll? Der Delphin, bei dem die Gesetze der Strömungslehre ideal realisiert sind, weiss nichts von Physik. Der Mond braucht die Gesetze der Astronomie nicht zu kennen, um seit jeher seine Bahn perfekt durchlaufen zu können. Genügt aber diese Auffassung für den aufgeklärten Menschen? Aristoteles (*384 v. Chr. †322 v. Chr.) sagt, der Baumeister stehe höher als der Arbeiter, denn jener kenne die Gründe seines Tuns, dieser nicht! Natürlich können wir nicht in jedem Augenblick und in jeder Situation das Rad quasi neu erfinden; *diejenigen Vorgänge* aber, *die uns fundamental bestimmen, sollten wir zumindest exemplarisch durchschauen.* Hinzu kommt auch wieder ein durchaus praktisches Argument: wer neue Probleme lösen will, wer offen sein will für andere Aufgaben, der kann dies sinnvoll nur tun, wenn er das Beziehungsgeflecht in dem diese stehen durchschaut, wenn er also bewußt über eine Theorie verfügt.

0.2 Bemerkungen zur Theoretischen Informatik

Wir wollen die obigen allgemeinen Überlegungen in Bezug zur Theoretischen Informatik setzen und diese im Zusammenhang mit dem Begriff des *Algorithmus* exemplarisch erläutern:

Es dürfte klar sein, daß hiermit einer der zentralen Begriffe der Informatik angesprochen ist. *Es sollte demzufolge zur "Allgemeinbildung" eines Informatikers gehören, dass er einen Begriff, mit dem er quasi täglich arbeitet, theoretisch durchdrungen hat.* Bedenken wir nun, dass hierbei sämtliche nur irgendwie denkbare Algorithmen erfasst werden sollen, so wird verständlich, dass die präzise Fassung schließlich einen hohen Grad an Allgemeinheit aufweisen muss.

Hierbei schliessen sich dann sofort zwei Fragen an, die sowohl von größtem theoretischen wie auch praktischen Interesse sind:

1. Sind sämtliche Probleme durch einen Algorithmus entscheidbar bzw. berechenbar?

2. Falls ein Problem durch einen Algorithmus entschieden werden kann, erfolgt die Berechnung mit einem vertretbaren Aufwand?

Die erste Frage ist Gegenstand der algorithmischen Entscheidbarkeit, die Zweite führt zur Komplexitätstheorie. Man erhält hierbei überraschende Antworten, die mit dem weitverbreiteten Glauben an die Allmacht des Computers unvereinbar sind.

Neben dem grundsätzlichen philosopisch-theoretischen Interesse an diesen Problemen dürfte aber auch der eingefleischteste Praktiker die Notwendigkeit einer Lösung der selben empfinden. Es zeigt sich dann, dass eine *exakte Lösung* eben *jenen präzisen Algorithmusbegriff erfordert, den die Theorie erarbeiten muss.*

Aufgaben:

1.) Beschreiben Sie die theoretischen Überlegungen Robinsons beim Bau eines Kanus. Welche Phänomene können durch diese Theorie eventuell noch erklärt werden? Welche Prognosen gestattet sie möglicherweise?

2.) Nehmen Sie Stellung zu der These: "Es gibt keine theoriefreie Beobachtung".

3.) "Die Wahrheit im Rahmen einer Wissenschaft ist nur innerhalb einer Theorie entscheidbar". Erläutern Sie diesen Satz.

4.) Versuchen Sie eine möglichst allgemeine Definition des Begriffs "Algorithmus" zu geben.

1. Grundlagen

1.1. Die Grundbegriffe der Aussagelogik

Die Logik ist die Lehre vom folgerichtigen Schliessen. Als ihr Begründer gilt Aristoteles, der erkannt hat, dass hierbei gewisse Schlussregeln auftreten, die unabhängig von der Semantik sind und mit denen formal analog wie bei den Zahlen operiert werden kann.

- *Aussage*

Unter einer Aussage verstehen wir einen Satz, von dem entscheidbar ist, ob er wahr oder falsch ist.

Bemerkung:

Wir kümmern uns dabei um die philosopisch schwierige Frage nach der Wahrheit als solcher nicht. Ebensowenig um das Problem, wie die Wahrheit eines Satzes konkret festgestellt werden soll. Tatsächlich liegt hier eine ausserordentlich komplexe Problematik vor: Was bedeutet Wahrheit an sich? Einschränkend können wir beispielsweise zwischen theoretischer und empirischer Wahrheit unterscheiden. Offenbar ist die erstere abhängig von der jeweiligen Theorie. Der Satz: "Die Gleichung $x^2 + 1 = 0$ ist unlösbar" ist in der Theorie der reellen Zahlen wahr, in der Theorie der komplexen Zahlen falsch. "Die Masse ist unabhängig von der Geschwindigkeit" ist in der Newton`schen Mechanik wahr, in der Einstein`schen falsch. Empirische Wahrheit ist letztendlich überhaupt nicht exakt festzustellen: Nach n bestätigenden Experimenten ist prinzipiell nie auszuschliessen, dass das (n+1)-te ein gegensätzliches Verhalten zeigt.

Demzufolge setzen wir ganz allgemein fest:

> Unter einer Aussage verstehen wir einen großen lateinischen Buchstaben: $A, B, C, \ldots$ dem zwei Werte w ("wahr") beziehungsweise f ("falsch") zugeordnet werden können. Wir symbolisieren dies wie folgt:
>
> | A |
> | --- |
> | w |
> | f |
>
> "Wahrheitstafel"

Bemerkung:

Die Situation ist vergleichbar mit den Zahlen, wenn wir lediglich deren Werte betrachten und von den konkreten Objekten ("Äpfel", "Birnen") abstrahieren!

- *Operatoren*

Ähnlich wie wir mit Zahlen formale Operationen durchführen können (4 ordnen wir −4 zu, aus 3 und 5 bilden wir die eindeutig bestimmte Zahl 3+5) definieren wir Operationen mit Aussagen.

Einstelliger Operator:

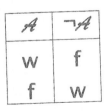

A	$\neg A$
w	f
f	w

$\neg A$: Negation (lies: "non A")

Offenbar ordnet die Negation der Aussage den "entgegengesetzten" Wahrheitswert zu.

Man beachte: Der Operator bestimmt allgemein den Wahrheitswert der hierdurch definierten neuen Aussage.

Zweistellige Operatoren:

A	B	$A \wedge B$	$A \vee B$	$A \rightarrow B$	$A \leftrightarrow B$
w	w	w	w	w	w
w	f	f	w	f	f
f	w	f	w	w	f
f	f	f	f	w	w

$A \wedge B$: Konjunktion (lies: "A und B")

$A \vee B$: Disjunktion (lies: "A oder B")

$A \rightarrow B$: Subjunktion (lies: "wenn A dann B" bzw. "aus A folgt B" bzw. "A nur dann wenn B")

$A \leftrightarrow B$: Bijunktion (lies: "A genau dann wenn B" bzw. "A dann und nur dann wenn B")

Bemerkung:

Die Konjunktion benötigen wir stets dann, wenn wir ausdrücken wollen, dass die aus den ursprünglichen Aussagen gebildete neue Aussage dann und nur dann wahr sein soll, wenn es die beiden gegebenen waren. Analog wird die Disjunktion benötigt, wenn es für die Wahrheit der neuen Aussage genügt, dass mindestens eine gegebene Aussage wahr ist. Die Subjunktion verwendet man um von einer Aussage auf eine andere sicher schließen zu können. Schließlich ist die Bijunktion dann und nur dann wahr, wenn beide hierdurch verknüpften Aussagen den selben Wahrheitsgehalt haben.

- Beispiele:

1. Seien AB, BC, CD und AD Strecken in der Ebene.

Weiter:

$\mathcal{A}$: AB ist parallel zu CD.
$\mathcal{B}$: BC ist parallel zu AD.

Dann:

$\mathcal{A} \wedge \mathcal{B}$ "Parallelogramm"
$\mathcal{A} \vee \mathcal{B}$ "Trapez"

2. Es bedeutet:

$\mathcal{A}$: ABCD ist ein Rechteck.
$\mathcal{B}$: ABCD ist ein Parallelogramm.

Dann:

$\mathcal{A} \rightarrow \mathcal{B}$

3. Seien a, b, c Zahlen. Dann gilt:

$a = b \quad \longleftrightarrow \quad a+c = b+c$

Hierdurch sind wir nun in der Lage, beliebige aussagenlogische Ausdrücke zu bilden und mit Hilfe von Wahrheitstafeln den jeweiligen Wahrheitsgehalt festzustellen.

- Beispiele:

1. $(A \rightarrow B) \longleftrightarrow (\neg A \vee B)$

Wir erhalten folgende Wahrheitstafel:

A	B	$\neg A$	$A \rightarrow B$	$\neg A \vee B$	$(A \rightarrow B) \longleftrightarrow (\neg A \vee B)$
w	w	f	w	w	w
w	f	f	f	f	w
f	w	w	w	w	w
f	f	w	w	w	w

2. $\neg(A \wedge B) \longleftrightarrow (\neg A \wedge \neg B)$

Wir erhalten folgende Wahrheitstafel:

A	B	$\neg A$	$\neg B$	$A \wedge B$	$\neg(A \wedge B)$	$\longleftrightarrow$	$\neg A \wedge \neg B$
w	w	f	f	w	f	w	f
w	f	f	w	f	w	f	f
f	w	w	f	f	w	f	f
f	f	w	w	f	w	w	w

3. $[\mathcal{A} \wedge (\mathcal{A} \rightarrow \mathcal{B})] \longrightarrow \mathcal{B}$

Wir erhalten folgende Wahrheitstafel:

$\mathcal{A}$	$\mathcal{B}$	$\mathcal{A} \rightarrow \mathcal{B}$	$\mathcal{A} \wedge (\mathcal{A} \rightarrow \mathcal{B})$	$[\mathcal{A} \wedge (\mathcal{A} \rightarrow \mathcal{B})] \longrightarrow \mathcal{B}$
w	w	w	w	w
w	f	f	f	w
f	w	w	f	w
f	f	w	f	w

4. Von drei Personen A, B, C sollen möglichst viele eingeladen werden. Hierbei ist zu beachten:

   a) A und B werden nicht gemeinsam eingeladen.
   b) A wird genau dann eingeladen, wenn auch C eingeladen wird.
   c) Wenn B eingeladen wird, so wird auch C eingeladen.

Wir formulieren hierzu folgende Aussagen:

$\mathcal{A}$: A wird eingeladen.
$\mathcal{B}$: B wird eingeladen.
$\mathcal{C}$: C wird eingeladen.

Dann:

   a) $\neg(\mathcal{A} \wedge \mathcal{B})$ b) $\mathcal{A} \leftrightarrow \mathcal{C}$ c) $\mathcal{B} \rightarrow \mathcal{C}$

Da alle drei Aussagen erfüllt sein müssen, haben wir die folgende Aussage zu prüfen:

$$[\neg(\mathcal{A} \wedge \mathcal{B})] \wedge [\mathcal{A} \leftrightarrow \mathcal{C}] \wedge [\mathcal{B} \rightarrow \mathcal{C}]$$

Hierfür erhält man nachstehende Wahrheitstafel:

$\mathcal{A}$	$\mathcal{B}$	$\mathcal{C}$	$[\neg(\mathcal{A}\wedge\mathcal{B})]\wedge[\mathcal{A}\leftrightarrow\mathcal{C}]\wedge[\mathcal{B}\rightarrow\mathcal{C}]$
w	w	w	f
w	w	f	f
w	f	w	w
w	f	f	f
f	w	w	f
f	w	f	f
f	f	w	f
f	f	f	w

Ergebnis: Die Personen A und C werden eingeladen.

- *Tautologie*

Offenbar ergeben die Beispiele 1 und 3 bei jeder Belegung der Aussagevariablen $\mathcal{A}$ und $\mathcal{B}$ stets den Wahrheitswert w. Allgemein setzen wir fest:

Definition: Eine Aussage γ heißt Tautologie, genau dann, wenn man bei beliebiger Belegung der Wahrheitswerte stets den Wahrheitswert w erhält. Insbesondere heißt $\mathcal{A}\leftrightarrow\mathcal{B}$ Äquivalenz, falls $\mathcal{A}\leftrightarrow\mathcal{B}$ eine Tautologie ist. Man schreibt dann: $\mathcal{A}\Leftrightarrow\mathcal{B}$. Ebenso heißt $\mathcal{A}\rightarrow\mathcal{B}$ Implikation, falls $\mathcal{A}\rightarrow\mathcal{B}$ eine Tautologie ist. Man schreibt dann: $\mathcal{A}\Rightarrow\mathcal{B}$

● Beispiele:

1. $(A \to B) \Leftrightarrow (\neg A \lor B)$

2. $[A \land (A \to B)] \Rightarrow B$

Logische Gesetze:

Anstelle von Tautologie sprechen wir auch von einem logischen Gesetz.

Wichtige logische Gesetze:

I.	$A \Leftrightarrow \neg (\neg A)$	"Gesetz der doppelten Negation"
II.	$[(A \to B) \land (B \to C)] \Rightarrow (A \to C)$	"Syllogismus"
III.	$[A \land (A \to B)] \Rightarrow B$	"Modus Ponens"
V.	$\neg (A \lor B) \Leftrightarrow (\neg A \land \neg B)$	"Regeln von DeMorgan"
	$\neg (A \land B) \Leftrightarrow (\neg A \lor \neg B)$	
V.	$(A \to B) \Leftrightarrow (\neg B \to \neg A)$	"Indirekter Beweis"

▪ Aussagelogische Erfüllbarkeit

Nach Definition hat eine Tautologie bei jeder möglichen Belegung den Wahrheitswert w; offenbar ist also die Negation einer Tautologie bei allen Belegungen stets falsch. Wir fragen, ob es überhaupt eine mögliche Zuweisung der Wahrheitswerte gibt, damit die gebildete Aussage den Wahrheitswert w annimmt.

Definition: Eine Aussage heißt dann, und nur dann erfüllbar, wenn ihre Variablen so belegt werden können, dass sie den Wahrheitswert w annimmt.

Bemerkung:

Das Erfüllbarkeitsproblem der Aussagelogik ist offenbar (in einem noch näher zu beschreibenden Sinn) algorithmisch entscheidbar.

- Beispiel:

Wir prüfen, ob $(A \wedge \neg B) \leftrightarrow (B \vee C)$ erfüllbar ist.

Folgender Algorithmus entscheidet die Erfüllbarkeit:

Schritt 1: Bilde für die Aussagen A, B, C sämtliche möglichen Wahrheitskombinationen.

Schritt 2: Wähle eine beliebige Wahrheitskombination, bilde $\neg B$, $A \wedge \neg B$, $B \vee C$ und prüfe $(A \wedge \neg B) \leftrightarrow (B \vee C)$.

Frage: Hat hierbei $(A \wedge \neg B) \leftrightarrow (B \vee C)$ den Wahrheitswert w?

Ja: Stopp "die Aussage ist erfüllbar"

Nein: Frage: Gibt es noch ungeprüfte Wahrheitskombinationen?

Ja: Schritt 2

Nein: Stopp "die Aussage ist nicht erfüllbar"

Bemerkung:

Ist n die Anzahl der Aussagevariablen, so ist der Zeitbedarf hierbei im schlechtesten Fall proportional zu 2^n.

■ *Die Grundbegriffe der Prädikatenlogik*

Aussageform:

Wir verstehen hierunter einen Satz mit einer Leerstelle, die wir durch x
ausdrücken. Wird x durch ein passendes Wort ersetzt, so entsteht eine
Aussage.   Schreibweise: $\mathscr{A}(x)$

● Beispiel: $\mathscr{A}(x)$: $3 + x = 9$

Quantoren:

Existenzquantor: Ist die Aussage für mindestens ein Wort wahr, so schreiben
wir:

$$\bigvee_{x} \mathscr{A}(x) \qquad \text{"Existenzquantor"}$$

(lies: "es gibt ein x, so dass A(x) wahr ist")

● Beispiel:

$$\bigvee_{x} (x^2 - 9 = 0)$$

Bemerkung:

Man beachte, dass hierbei die Existenz nicht eindeutig bestimmt zu sein
braucht. Will man ausdrücken, dass es tatsächlich nur ein x gibt, so sagt
man: "Ein und nur ein x" beziehungsweise "genau ein x".

Allquantor: Ist die Aussage für alle möglichen Einsetzungen richtig, so schreiben wir:

$$\bigwedge_x \mathcal{A}(x) \qquad \text{"Allquantor"}$$

(lies: "für alle x gilt: A(x)")

• Beispiel:

$$\bigwedge_x (x \bullet 0 = 0)$$

Negation:

Aus der Verallgemeinerung der Regeln von DeMorgan ergibt sich:

$$\neg \bigvee_x \mathcal{A}(x) \iff \bigwedge_x \neg \mathcal{A}(x)$$

$$\neg \bigwedge_x \mathcal{A}(x) \iff \bigvee_x \neg \mathcal{A}(x)$$

Bemerkung:

Offenbar ergibt sich die Notwendigkeit der Quantorenschreibweise erst dann, wenn die Anzahl der möglichen Einsetzungen "unendlich" wird (durch welche aussagelogischen Symbole können die Quantoren im endlichen Fall ersetzt werden?).

Weiter: Allaussagen sind offenbar nicht algorithmisch positiv entscheidbar (lediglich wenn für eine Einsetzung die Aussage nicht zutrifft, kann die Allaussage als logisch korrekt widerlegt gelten). Ebenso kann eine Existenzaussage nicht algorithmisch bezüglich ihrer Negation entschieden werden. Welche Konsequenzen ergeben sich hieraus für die empirische Überprüfbarkeit?

Aufgaben:

1) Diskutieren Sie die Wahrheitsproblematik anhand folgender Beispiele:

    a) 36 ist eine Quadratzahl.

    b) 3.333.331 ist eine Primzahl.

    c) Jeden Morgen geht die Sonne auf.

    d) Joseph Beuys ist kein bedeutender Künstler.

    e) Gott ist tot.

2) Zeigen Sie: $A \wedge B \Leftrightarrow B \wedge A$ "Kommutativgesetz"

                $(A \vee B) \vee C \Leftrightarrow A \vee (B \vee C)$ "Assoziativgesetz"

                $(A \vee B) \wedge C \Leftrightarrow (A \wedge C) \vee (B \wedge C)$ "Distributivgesetz"

                $A \vee (A \wedge B) \Leftrightarrow A$ "Verschmelzungsgesetz"

                $(A \to B) \Leftrightarrow (\neg A \vee B)$

                $(A \leftrightarrow B) \Leftrightarrow [(A \to B) \wedge (B \to A)]$

3) In den Vereinten Nationen soll ein Ausschuß eingerichtet werden. Als Mitglieder kommen die Staaten A, B, C, D und E in Frage. Dabei ist folgendes zu beachten:

    a) Nimmt A teil, so müssen auch C und D teilnehmen.

    b) B und D nehmen nur zusammen teil oder keiner von den beiden Staaten beteiligt sich.

    c) Wenn A nicht Mitglied wird, so beteiligt sich D.

    d) B wird genau dann Mitglied, wenn E nicht Mitglied wird.

    e) Wenn sich C beteiligt, dann beteiligt sich auch E.

Welche möglichen Staatenkombinationen können gebildet werden?

1.2.   Mengen

Gegeben sei eine Aussageform $\mathscr{A}(x)$. Unter einer Menge A zur Aussageform $\mathscr{A}(x)$ verstehen wir die Zusammenfassung aller Wörter, die beim Einsetzen in $\mathscr{A}(x)$ eine wahre Aussage ergeben. Die jeweiligen Worte heissen Elemente.

Schreibweise:

$A = \{x; \mathscr{A}(x)\}$ (lies: "die Menge aller x, für die A(x) gilt")

"beschreibende Form"

oder $A = \{x_1, x_2, x_3,...\}$ "aufzählende Form"

oder   A    "Venn-Diagramm"

• Beispiele:

1. $\mathscr{A}(x)$: x ist ein Tier.

Also: $A = \{x; x \text{ ist ein Tier}\}$

oder $A = \{\text{Hund, Katze, ...}\}$

oder A
     Hund
        Katze

2. Zahlenmengen:

$\mathbb{N} = \{0,1,2,3,...\}$ "natürliche Zahlen"
$\mathbb{Z} = \{...,-3,-2,-1,0,1,2,3,...\}$ "ganze Zahlen"
$\mathbb{Q} = \{x; x \text{ ist ein Bruch}\}$ "rationale Zahlen"
$\mathbb{R} = \{x; x \text{ ist ein Dezimalbruch}\}$ "reelle Zahlen"

Bemerkung:

Stellt man einen Bruch als Dezimalbruch dar, so bricht dieser entweder ab oder ist periodisch. Die reellen Zahlen umfassen alle Dezimalbrüche, also z.B. auch $\sqrt{2}$ oder π.

Definition: $a \in A \Leftrightarrow \mathcal{A}(a)$ ist eine wahre Aussage
                       (lies: "a ist ein Element von A")

• Beispiel: $3 \in \mathbb{N}$

Definition: $a \notin A \Leftrightarrow \neg(a \in A)$
                       (lies: "a ist kein Element von A")

• Beispiel: $\pi \notin \mathbb{Q}$

■ *Operatoren*

Definition: $\bar{A} = \{a; a \notin A\}$
                       "Komplement von A"

Definition: $A \cap B = \{x; x \in A \land x \in B\}$
                       "Durchschnitt von A und B"

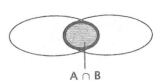

$A \cap B$

Definition: $A \cup B = \{x; x \in A \lor x \in B\}$
                 "Vereinigung von A und B"

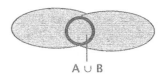

                 $A \cup B$

▪ *Mengenbeziehungen*

Definition: $A \subset B \Leftrightarrow (x \in A \to x \in B)$
                 "A ist Teilmenge von B"

Satz: Für jede Menge A gilt: $A \subset A$

Beweis: $x \in A \to x \in A$ ist wahr, gleichgültig ob $x \in A$ wahr ist oder
                 nicht, also ist die Bedingung für die Teilmengenbeziehung
                 aus der Definition erfüllt und demzufolge ist auch die
                 Aussage $A \subset A$ wahr.

Definition: $A = B \Leftrightarrow (A \subset B \land B \subset A)$
                 "A ist gleich B"

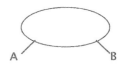

▪ *Leere Menge*

Definition: $\emptyset = A \cap \bar{A}$
                 "Leere Menge"

Satz: Für jede Menge A gilt: $\emptyset \subset A$

Beweis: $x \in \emptyset$ ist für alle Elemente x stets falsch, also ist
                 $x \in \emptyset \to x \in A$ stets wahr und demzufolge ist die
                 Bedingung für die Teilmengenbeziehung erfüllt.

- *Russel`sche Antinomie und Potenzmenge*

Im Allgemeinen darf man keine Mengen bilden, die als Elemente selbst wieder Mengen enthalten (Mengen höherer Stufen). Insbesondere ist es unzulässig, dass eine Menge sich selbst als Element enthält. Man kommt hierbei unweigerlich zu Widersprüchen.

- Beispiel: Wir bilden die Menge aller Mengen, die sich nicht selbst als Element enthalten:

   $P = \{X; X \text{ ist eine Menge und } X \notin X\}$

   Frage: Was gilt für P?

   Fall 1: $P \in P$. Also muss P die Bedingung der Menge P
          erfüllen und es folgt: $P \notin P$. Widerspruch!
   Fall 2: $P \notin P$. Also erfüllt P die Bedingung für die Menge P
          und es folgt: $P \in P$. Widerspruch!

   "Russel`sche Antinomie"

Man kann jedoch zeigen, dass die Menge, die die Teilmengen einer gegebenen Menge als Elemente enthält widerspruchsfrei gebildet werden kann.

Definition: $P(X) = \{M; M \subset X\}$ "Potenzmenge von X"

- Beispiel: $X = \{1,2,3\}$

   $P(X) = \{\emptyset, \{1\}, \{2\}, \{3\}, \{1,2\}, \{1,3\}, \{2,3\}, \{1,2,3\}\}$

   "Mengen aller Teilmengen von X"

Bemerkung: Enthält X n Elemente, so enthält die Potenzmenge von X 2^n Elemente

▪ *Produktmenge:*

Im allgemeinen gilt: $\{a,b\} = \{b,a\}$ "Ungeordnetes Paar".

Geordnete Paare erhält man formal folgendermaßen:

Satz: $\{a_1, \{a_1,b_1\}\} = \{a_2, \{a_2,b_2\}\} \Leftrightarrow (a_1=a_2 \wedge b_1=b_2)$

Beweis: "$\Leftarrow$": Da nach Voraussetzung die beiden Mengen dieselben Elemente enthalten, sind sie auch als Mengen gleich. Hieraus folgt der "nur dann" – Teil.

               "$\Rightarrow$": Wegen $a_1 \neq \{a_2,b_2\}$ muß $a_1=a_2$ folgen. Dann gilt aber auch $\{a_1,b_1\} = \{a_2,b_2\}$. Wegen $a_1=a_2$ ergibt sich hiermit schließlich $b_1=b_2$.

Definition: $(a_1,a_2)= \{a_1, \{a_1,a_2\}\}$ "Geordnetes Paar".

Offenbar gilt: $(a_1,a_2)= (b_1,b_2) \Leftrightarrow (a_1=b_1 \wedge a_2,=b_2)$.

Definition: $A \times B = \{(a,b); a \in A \wedge b \in B\}$ "Produktmenge".

Geometrische Veranschaulichung:

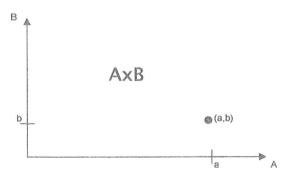

"Koordinatensystem"

▪ *Relationen:*

Definition: Seien A, B Mengen. R⊂ AxB heißt Relation von A nach B.

● Beispiele: 1. A = B = $\mathbb{R}$. Dann G ⊂ $\mathbb{R}$x$\mathbb{R}$ mit G = {(x,y); x=y)}
                        "Gleichheit"

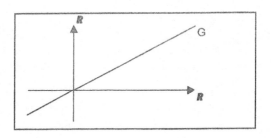

2. A = B = $\mathbb{R}$. Dann K ⊂ $\mathbb{R}$x$\mathbb{R}$ mit K = {(x,y); x<y)}
   "kleiner"

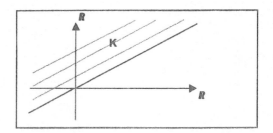

3. Γ = {g; g ist eine Gerade}, P ⊂ Γ x Γ mit P = {(g,h); g∥h}
   "parallel"

4. O ⊂ Γ x Γ, O = {(g,h); g⊥h}
   "orthogonal"

Eigenschaften:

Definition: Sei R ⊂ AxA eine Relation.

R heißt reflexiv ⇔ $\bigwedge_{a \in A}$ (a,a) ∈ R

R heißt symmetrisch ⇔ ((a,b) ∈ R⇔ (b,a) ∈ R)

R heißt transitiv ⇔ [((a,b) ∈ R ∧ (b,c) ∈ R) ⇒(a,c) ∈ R]

Eine Relation, die reflexiv, symmetrisch und transitiv ist, heißt Äquivalenzrelation.

● Beispiel: Die Gleichheit ist reflexiv, symmetrisch und transitiv, also eine Äquivalenzrelation.

Bemerkung:

Die Reflexivität, Symmetrie und Transitivität sind gerade die Axiome der Gleichheit. Zwei Elemente, die in einer Äquivalenzrelation zueinander stehen, sind also in einem gewissen Sinne gleich.

▪ _Funktionen_

Definition: Sei f ⊂ DxW eine Relation.

f heißt Funktion von D nach W, genau dann, wenn folgende Bedingungen erfüllt sind:

(i) $\bigwedge_{x \in D} \bigvee_{y \in W}$ (x,y) ∈ f   "Existenz"

(ii)   ((x,y₁)∈ f ∧ (x,y₂) ∈ f) ⇒y₁ =y₂   "Eindeutigkeit"

D heißt Definitionsbereich, W heißt Wertevorrat, x∈D heißt Argument und gilt (x,y) ∈ f, so heißt y der Funktionswert von x, wir schreiben hierfür: y = f (x).

Schreibweise für Funktionen:

$$f: D \longrightarrow W$$
$$x \longrightarrow y = f(x)$$

• Beispiele: bekannt

Bemerkung:

Im Koordinatensystem liegt offenbar genau dann eine Funktion vor, wenn jede Parallele zur y-Achse das Schaubild genau einmal schneidet.

Eigenschaften:

Definition: f heißt surjektiv $\Leftrightarrow \bigwedge\limits_{y \in W} \bigvee\limits_{x \in D} (x,y) \in f$

• Beispiel: $D = R^+ = \{x; x \in R \wedge x > 0\}$, $W = R$, $y = \ln(x)$

Definition: f heißt injektiv $\Leftrightarrow [(y = f(x_1)) \wedge (y = f(x_2)) \Rightarrow x_1 = x_2]$

• Beispiel: $D = R$, $W = R^+$, $y = e^x$

Definition: f heißt bijektiv $\Leftrightarrow$ (f ist injektiv $\wedge$ f ist sujektiv)

• Beispiel: $D = R$, $W = R^+$, $y = e^x$

Umkehrfunktion:

Definition: f^{-1} heißt die Umkehrfunktion von f, genau dann, wenn gilt:

(i) $f^{-1}: W \longrightarrow D$

(ii) $y = f(x) \Leftrightarrow x = f^{-1}(y)$

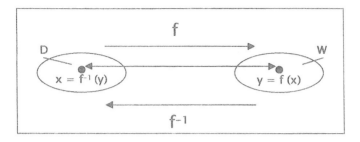

Bemerkungen:

1. Zu f existiert die Umkehrfunktion f⁻¹ offenbar dann und nur dann, wenn f bijektiv ist.

2. Im Koordinatensystem ist die Funktion umkehrbar, wenn jede Parallele zur x-Achse das Schaubild genau einmal schneidet.

● Beispiel: $D = \mathbb{R}, W = \mathbb{R}^+, f(x) = e^x, f^{-1}(y) = \ln(y)$

▪ *Mächtigkeit*

Definition: Seien A,B Mengen: $A \simeq B$

$$\Leftrightarrow \bigvee_f (f \text{ bijektiv} \wedge f\colon A \longrightarrow B)$$

"A ist gleichmächtig zu B"

● Beispiel: $\{a,b,c,d,e\} \simeq \{2,4,6,8,10\}$

● *Definition:*   Sei M eine Menge. $|M| = n$ (lies: "M hat die Mächtigkeit n")

$$\Leftrightarrow M \simeq \{1,2,3,\ldots,n\}$$

"Anzahl der Elemente von M"

● Beispiel: $|\{a,b,c,d,e\}| = 5$

Definition: Eine Menge M hat die Mächtigkeit unendlich,

(in Zeichen: |M| = ∞), genau dann, wenn sie zu einer echten Teilmenge gleichmächtig ist.

• Beispiel: $\mathbb{N}$

Bemerkung:

Die Mengenlehre wurde von Georg Cantor (*1845, †1918) im Zusammenhang mit der Klärung des Unendlichkeitsbegriffes entwickelt. Nach Überwindung gewisser Schwierigkeiten, die sich im Zusammenhang mit einem zu allgemeinen Mengenbildungsbegriff ergaben (vgl. oben die Russel`sche Antinomie, benannt nach ihrem Entdecker Bertrand Russel (*1872, †1970)) zeigte sich im Folgenden die enorme Tragweite und Allgemeinheit des Cantor`schen Konzeptes: Die gesamte Mathematik kann hiermit unter einer einheitlichen Struktur erfasst werden. Auch die Theoretische Informatik wird auf dieser Basis beschrieben. Beispielsweise versteht man unter einer Sprache eine Menge, die Wörter dieser Sprache sind dann deren Elemente. Konstruiert werden diese Wörter mit Hilfe von Produktionen, wobei diese durch Relationen dargestellt werden.

Aufgaben:

1.) Gegenben sei: $A\backslash B = \{x; x \in A \wedge x \notin B\}$ "Differenzmenge"
   Zeichnen Sie für die Differenzmenge ein Venn–Diagramm.

2.) Begründen Sie: $\{a,b,c\} = \{b,a,a,a,c,c,b\}$

3.) Zeigen Sie mit Hilfe des indirekten Beweises:
   Für jede Menge A gilt: $\emptyset \subset A$

4.) Zeigen Sie jeweils mit Hilfe eines Venn–Diagramms:

   a) $A \cup B = B \cup A$ "Kommutativgesetz"
   b) $(A \cap B) \cap C = A \cap (B \cap C)$ "Assoziativgesetz"
   c) $(A \cap B) \cup C = (A \cup C) \cap (B \cup C)$ "Distributivgesetz"
   d) $A \cup (A \cap B) = A$ "Verschmelzungsgesetz"
   e) $A \cup \emptyset = A$ "Neutrales Element"
   f) $\underline{A \cap A} = \underline{A}$ "Idempotenzgesetz"
   g) $\overline{A \cap B} = \overline{A} \cup \overline{B}$ "Gesetz von DeMorgan"

5.) Zeigen Sie: $|M| = n \Rightarrow |P(M)| = 2^n$

6.) Prüfen Sie ob die Kleiner-, Parallel-, Orthogonalrelationen jeweils Äquivalenzrelationen sind.

7.) Verneinen Sie surjektiv bzw. injektiv logisch korrekt.

8.) Prüfen Sie folgende Funktionen auf surjektiv, injektiv und bijektiv mit dem jeweils grösstmöglichen Definitionsbereich:
   a) $y = x^2$ b) $y = x^3$ c) $y = \sin(x)$ d) $y = \tan(x)$

9.) Zeigen Sie: $|\{a,b,c,d,e\}| = 5$

10.)   Zeigen Sie: Die Gleichmächtigkeit ist eine Äquivalenzrelation.

11.)   Zeigen Sie: $|\mathbb{N}| = \infty$

12.)   Zeigen Sie: $|\mathbb{Z}| = |\mathbb{N}|$

1.3.   Grundlagen der Algebra

▪ *Algebra*

Definition: Sei A eine Menge

$$\circ: A \times A \longrightarrow A$$

$$(a,b) \longrightarrow a \circ b$$

heißt Verknüpfung in A

● Beispiel: $A = \mathbb{N}$; $\circ \triangleq +$.   Also: $a+b$ "Addition in $\mathbb{N}$"

Aber: "–" ist in $\mathbb{N}$ keine Verknüpfung!

Weitere Verknüpfungen:

Multiplikation in $\mathbb{Q}$: $a \bullet b$

Matrixmultiplikation: $A \bullet B$

Verkettung von Funktionen: $(f \circ g)(x) = f(g(x))$
(Beispiel: $(\sin \circ \exp)(x) = \sin(e^x)$)

Drehungen um einen Winkel α um einen festen Punkt:
$$D_\alpha \circ D_\beta = D_{\alpha+\beta}$$

Definition: Eine Algebra ist eine Menge A, in der eine Verknüpfung definiert ist.

▪ *Beispiele für algebraische Strukturen*

Gruppe:

Definition: Eine Gruppe G ist eine Menge, in der eine Verknüpfung "$\circ$" erklärt ist, so daß gilt:

$$\text{(AG)} \quad \bigwedge_{a,b,c \in G} (a \circ b) \circ c = a \circ (b \circ c)$$

"Assoziativgesetz"

$$(N) \quad \bigwedge_{a \in G} \bigvee_{e \in G} \quad a \circ e = a = e \circ a$$

"neutrales Element"

$$(I) \quad \bigwedge_{a \in G} \bigvee_{a^{-1} \in G} \quad a \circ a^{-1} = e = a^{-1} \circ a$$

"inverses Element"

Gilt zusätzlich:

$$(KG) \quad \bigwedge_{a,b \in G} \quad a \circ b = b \circ a$$

"Kommutativgesetz",

so heißt die Gruppe abelsch.

- Beispiele: Die Menge $\mathbb{Z}$ mit "+".

  Die Menge $\mathbb{Q} \backslash \{0\}$ mit "•".

  Die regulären quadratischen Matrizen mit "•".

  Die Drehungen mit "∘".

  Die Vektoraddition mit "+".

Einfache Folgerungen aus den Gruppenaxiomen:

Satz 1:   In jeder Gruppe G gilt:

(1) $a=b \Leftrightarrow a \circ c = b \circ c$

(2) $a=b \Leftrightarrow c \circ a = c \circ b$

Beweis:

(1)

$"\Rightarrow" : a=b \Rightarrow (a,c) = (b,c) \Rightarrow a \circ c = b \circ c$

$"\Leftarrow" : a \circ c = b \circ c \Rightarrow (a \circ c) \circ c^{-1} = (b \circ c) \circ c^{-1}$

$\Rightarrow a \circ (c \circ c^{-1}) = b \circ (c \circ c^{-1}) \Rightarrow a \circ e = b \circ e \Rightarrow a=b$

(2)   "Übung".

Satz 2:   In jeder Gruppe ist das neutrale Element eindeutig bestimmt.

Beweis: Annahme: e_1 und e_2 seien neutral. Also:

$(a= a \circ e_1 \wedge a=a \circ e_2) \Rightarrow a \circ e_1 = a \circ e_2 \Rightarrow e_1 = e_2$

Satz 3:   In jeder Gruppe ist das inverse Element eindeutig bestimmt.

Beweis: "Übung".

Satz 4: $a=(a^{-1})^{-1}$

Beweis: $(a^{-1} \circ a = e \wedge a^{-1} \circ (a^{-1})^{-1} = e) \Rightarrow a^{-1} \circ a = a^{-1} \circ (a^{-1})^{-1} \Rightarrow a=(a^{-1})^{-1}$

Satz 5: $(a \circ b)^{-1} = b^{-1} \circ a^{-1}$

Beweis: $(a \circ b) \circ (b^{-1} \circ a^{-1}) = (a \circ (b \circ b^{-1})) \circ a^{-1} = (a \circ e) \circ a^{-1} = a \circ a^{-1} = e$

Also ist $b^{-1} \circ a^{-1}$ invers zu $a \circ b$, $(a \circ b)^{-1}$ ist per definitione invers zu $a \circ b$, nach Satz 3 ist das inverse Element eindeutig bestimmt und somit folgt $(a \circ b)^{-1} = b^{-1} \circ a^{-1}$.

Satz 6: In jeder Gruppe ist die Gleichung a∘x=b eindeutig lösbar.

Beweis: a∘x=b ⟺ a⁻¹∘(a∘x)=a⁻¹∘b ⟺ (a⁻¹∘a)∘x = a⁻¹∘b ⟺ e∘x

= a⁻¹∘b ⟺ x = a⁻¹∘b

Ring:

Definition: Ein Ring ist eine Menge R, in der zwei Verknüpfungen "+" und "∘"
erklärt sind, so dass gilt:

$$(KG) \quad \bigwedge_{a,b\in R} a+b = b+a \qquad \text{"Kommutativgesetz"}$$

$$(AG) \quad \bigwedge_{a,b,c\in R} (a+b)+c = a+(b+c) \quad \text{"Assoziativgesetz"}$$

$$(N) \quad \bigwedge_{a\in R} \bigvee_{0\in R} a+0 = a \qquad \text{"neutrales Element"}$$

$$(I) \quad \bigwedge_{a\in R} \bigvee_{-a\in R} a+(-a) = 0 \qquad \text{"inverses Element"}$$

$$(AG) \quad \bigwedge_{a,b,c\in R} (a\bullet b)\bullet c = a\bullet(b\bullet c) \qquad \text{"Assoziativgesetz"}$$

$$(N) \quad \bigwedge_{a\in R} \bigvee_{1\in R} a\bullet 1 = a = 1\bullet a \qquad \text{"neutrales Element"}$$

$$(DG) \quad \bigwedge_{a,b,c\in R} (a+b)\bullet c = a\bullet c+b\bullet c$$
"Distributivgesetze"
$$\bigwedge_{a,b,c\in R} c\bullet(a+b) = c\bullet a+c\bullet b$$

• Beispiele: Die Menge $\mathbb{Z}$ mit "+" und "∘"

Die Matrizen mit "+" und "∘"

Satz 7: In jedem Ring gilt: $a\circ 0 = 0$

Beweis: $a\circ 0 = a\circ 0 \Leftrightarrow a\circ(0+0) = a\circ 0 + 0 \Leftrightarrow a\circ 0 + a\circ 0 = a\circ 0 + 0 \Leftrightarrow a\circ 0 = 0$

Satz 8: In jedem Ring gilt:

(1) $(+a)\circ(+b) = +(a\circ b)$ "$+\circ+=+$"

(2) $(+a)\circ(-b) = -(a\circ b)$ "$+\circ-=-$"

(3) $(-a)\circ(+b) = -(a\circ b)$ "$-\circ+=-$"

(4) $(-a)\circ(-b) = +(a\circ b)$ "$-\circ-=+$"

Beweis:

(2) $a\circ b + [a\circ(-b)] = a\circ(b+(-b)) = a\circ 0 = 0$

Also ist $[a\circ(-b)]$ invers zu $a\circ b$, nach Definition ist $-(a\circ b)$ das Inverse von $a\circ b$, da dieses eindeutig bestimmt ist folgt die Behauptung.

(1) Wäre $(+a)\circ(+b) = -(a\circ b)$, so würden wir wegen (2) $(+a)\circ(+b) = (+a)\circ(-b)$ erhalten. Mit $a=1$ folgt: $b=-b$.

(3) "Übung"

(4) $(-a)\circ(-b) = -[(-a)\circ b] = -[-(a\circ b)] = a\circ b$ wegen Satz 4.

Bemerkung:

Es hat Jahrtausende benötigt, ehe die Menschheit erkannt hat, dass der Zahlbegriff unabhängig von den konkret gezählten Objekten ist (bei drei Birnen und drei Äpfeln handelt es sich jedesmal um die selbe *Zahl* drei!).

Philosophisch bewältigt wurde dieser Abstraktionsprozess letztendlich erst durch Platon (um 428 bis ca. 347 v. Chr.). Erst hierdurch wurde das formale Operieren mit Zahlen möglich.

Nahezu weitere zweitausend Jahre vergingen bis Descartes (*1596, †1650) erkannt hat, dass man Zahlen durch Variable a,b,c,x, usw. darstellen kann; es somit zur Untersuchung der Eigenschaften von Zahlen nicht auf deren konkreten Wert, wie zum Beispiel 4, 100 oder 1000, ankommt.

Erst im letzten Jahrhundert wurde dann der letzte Schritt vollzogen:

Dass nämlich bei den Verknüpfungen von Zahlen nicht die konkrete Rechenoperation wie "+" oder "•" von Bedeutung ist, sondern welche Grundgesetze (Axiome) vorausgesetzt werden. *Gelten bei zwei Verknüpfungen dieselben Axiome, so gelten auch dieselben Folgerungen, d.h. Sätze!* Man braucht sich also dann nicht mehr der Mühe zu unterziehen, die entsprechenden Rechenregeln neu zu beweisen, sondern kann die bereits bewiesenen Sätze sofort übertragen (Prinzip der Denkökonomie!). Beispielsweise bilden die regulären quadratischen Matrizen eine Gruppe bezüglich der Multiplikation. Satz 5 besagt dann für die Bildung der inversen Produktmatrix: $(A•B)^{-1} = B^{-1}•A^{-1}$.

Dasselbe Prinzip, nämlich aus relativ wenigen Grundannahmen die entsprechenden Folgerungen abzuleiten, ist auch in der Informatik wirksam.

Man überlegt sich nämlich leicht, dass in einem Rechner nur endlich viele Grundoperationen verankert sein können. Andererseits sollen hiermit praktisch unendlich viele Fälle bewältigt werden. Diese müssen dann natürlich auf die vorstrukturierten Grundelemente reduziert werden. Zur allgemeinen Beschreibung dieses Vorganges sind nun zwei Wege üblich:

1. Man geht von einem gekennzeichneten Startelement aus und zeigt, welche Zeichenketten (Wörter) hieraus mit Hilfe der Konstruktionsvorschriften (Axiome) gebildet werden können. Sämtliche so konstuierten Wörter bilden dann die entsprechende Sprache.

☞ *Theorie der formalen Sprachen*

2. Man geht von einer vorgegebenen Zeichenkette aus und reduziert sie systematisch unter Anwendung der jeweiligen Grundoperationen auf bestimmte gekennzeichnete Grundzustände und erkennt sie so einer vorgegebenen Menge als zugehörig bzw. als nichtzugehörig an.

☞ *Automatentheorie*

Bei beiden Vorgenhensweisen erfolgt jeder Schritt in einer gewissen Hinsicht "mechanisch", also in einem noch näher zu beschreibenden Sinn algorithmisch.

Aufgaben:

1.) Ist die Division in $\mathbb{Z}$ eine Verknüpfung?

2.) Bildet die Menge $\mathbb{Z}$ mit der Multiplikation eine Gruppe?

3.) Beweisen Sie die Sätze Nr. 1,(2); Nr. 3 und Nr. 8, (3).

4.) Formulieren Sie die Sätze Nr. 1 bis Nr. 6 für die Gruppen $\mathbb{Z}$ mit "+" und

   $\mathbb{Q}\backslash\{0\}$ mit "•".

5.) Führen Sie die Beweise für jede dieser Gruppen nocheinmal explizit durch.

6.) Geben Sie bei den Beweisen der Sätze 1-8 jeweils explizit die Begründungen für die jeweiligen Umformungsschritte an.

7.) Sei A eine Menge und F die Menge der bijektiven Funktionen mit dem Definitionsbereich und Wertevorrat A. Zeigen Sie: F bildet mit der Verkettung $(f \circ g)(x) = f(g(x))$ eine Gruppe. Wie lautet Satz Nr. 6 für diese Gruppe? Ist diese Gruppe abelsch?

8.) Zeigen Sie: "∩" und "∪" sind in der Potenzmenge P(X) einer Menge X Verknüpfungen. Bildet P(X) mit diesen Verknüpfungen einen Ring?

9.) Beweisen Sie im Ring $\mathbb{Z}$ die binomischen Formeln. Gelten diese auch im Matrizenring?

2. Einführung in die Boole`sche Algebra

George Boole hat erkannt, daß sich die logischen Strukturen in einer analogen Art und Weise wie der Aufbau der Zahlenalgebra darstellen lassen.

2.1.   Definition und einfache Eigenschaften

□ *Boole`sche Algebra*

Definition: Eine Boole`sche Algebra ist eine Menge V, in der zwei
Verknüpfungen "+"
und "•" erklärt sind, sodaß gilt:

$$(KG) \quad \bigwedge_{a,b \in V} a+b = b+a \qquad \text{"Kommutativgesetz"}$$

$$(AG) \quad \bigwedge_{a,b,c \in V} (a+b)+c = a+(b+c) \qquad \text{"Assoziativgesetz"}$$

$$(N) \quad \bigwedge_{a \in V} \bigvee_{0 \in V} a+0 = a \qquad \text{"neutrales Element"}$$

$$(KG) \quad \bigwedge_{a,b \in V} a \bullet b = b \bullet a \qquad \text{"Kommutativgesetz"}$$

$$(AG) \quad \bigwedge_{a,b,c \in V} (a \bullet b) \bullet c = a \bullet (b \bullet c) \qquad \text{"Assoziativgesetz"}$$

$$(N) \quad \bigwedge_{a \in V} \bigvee_{1 \in V} a \bullet 1 = a \qquad \text{"neutrales Element"}$$

$$(DG) \quad \bigwedge_{a,b,c \in V} (a+b)\bullet c = a\bullet c + b\bullet c$$

"Distributivgesetze"

$$\bigwedge_{a,b,c \in V} (a\bullet b)+c = (a+c)\bullet(b+c)$$

$$(K) \quad \bigwedge_{a \in V} \bigvee_{\overline{a} \in V} (a+\overline{a} = 1 \wedge a \bullet \overline{a} = 0)$$

"Komplementäres Element"

Beachte:

"+" und "•" sind hier Verknüpfungssymbole, die natürlich mit der normalen Zahlenaddition bzw. Multiplikation nichts zu tun haben (vgl. z.B. die Axiome (DG) und (K)).

▪ *Folgerungen*

Satz 1:   Die neutralen Elemente 0 und 1 sind eindeutig bestimmt.

Beweis: Annahme: 0 und 0' seien neutral bzgl. "+": $0' = 0'+0 = 0+0' = 0$

Eindeutigkeit von 1: "Übung".

Satz 2:   In jeder Boole`schen Algebra gilt:

$(IG)_1 \quad a \bullet a = a$
$(IG)_2 \quad a + a = a$ "Idempotenzgesetze"

Beweis: $(IG)_1 \quad a = a \bullet 1 = a \bullet (a+\overline{a}) = (a+\overline{a})\bullet a = a \bullet a + \overline{a} \bullet a = a \bullet a + a \bullet \overline{a} = a \bullet a + 0$
$\qquad = a \bullet a$
$(IG)_2 \quad$ "Übung".

Satz 3:   In jeder Boole`schen Algebra gilt:

$(D)_1$ $a \bullet 0 = 0$

$(D)_2$ $a + 1 = 1$ "Dominanzgesetze"

Beweis: $(D)_1$ $a \bullet 0 = a \bullet (a \bullet \bar{a}) = (a \bullet a) \bullet \bar{a} = a \bullet \bar{a} = 0$

$(D)_2$ "Übung".

Satz 4:   In jeder Boole`schen Algebra gilt:

$(VG)_1$ $a + a \bullet b = a$

$(VG)_2$ $a \bullet (a + b) = a$ "Verschmelzungsgesetze"

Beweis: $(VG)_1$ $a + a \bullet b = a \bullet 1 + a \bullet b = a \bullet (1 + b) = a \bullet 1 = a$

$(VG)_2$ "Übung".

Satz 5:   In jeder Boole`schen Algebra gilt:

$(a + c = b + c \wedge a \bullet c = b \bullet c) \Rightarrow a = b$

Beweis: $a = a + 0 = a + c \bullet \bar{c} = (a + c) \bullet (a + \bar{c}) = (b + c) \bullet (a + \bar{c}) =$
$(b + c) \bullet a + (b + c) \bullet \bar{c} = b \bullet a + c \bullet a + b \bullet \bar{c} + c \bullet \bar{c} = a \bullet b + a \bullet c + b \bullet \bar{c} + 0 =$
$a \bullet b + (b \bullet c + b \bullet \bar{c}) = b \bullet (c + \bar{c}) + a \bullet b = b \bullet 1 + a \bullet b = b + b \bullet a = b$

Satz 6:   In jeder Boole`schen Algebra gilt:

$a = \bar{\bar{a}}$

Beweis: $[[a + \bar{a} = 1 \wedge a \bullet \bar{a} = 0] \wedge [\bar{a} + \bar{\bar{a}} = 1 \wedge \bar{a} \bullet \bar{\bar{a}} = 0]] \Rightarrow$

$(a + \bar{a} = \bar{a} + \bar{\bar{a}} \wedge a \bullet \bar{a} = \bar{a} \bullet \bar{\bar{a}})$, Satz 5 liefert: $a = \bar{\bar{a}}$

Satz 7:   In jeder Boole'schen Algebra gilt:

Das Komplementäre Element $\bar{a}$ ist eindeutig bestimmt.

Beweis: "Übung"

Satz 8:   In jeder Boole'schen Algebra gilt:

$$(DM)_1 \ \overline{a+b} = \bar{a} \cdot \bar{b}$$
$$(DM)_2 \ \overline{a \cdot b} = \bar{a} + \bar{b} \qquad \text{"Gesetze von DeMorgan"}$$

Beweis: $(DM)_1$

Wir zeigen: $\bar{a} \cdot \bar{b}$ ist komplementär zu $a+b$. Da $\overline{a+b}$ per Definitione das komplementäre Element zu $a+b$ ist, ergibt sich hieraus mit Satz 7 die Behauptung.

Also: $(a+b) \cdot (\bar{a} \cdot \bar{b}) = [a \cdot (\bar{a} \cdot \bar{b})] + [b \cdot (\bar{a} \cdot \bar{b})] =$

$$[b \cdot (\bar{a} \cdot a)] + [a \cdot (\bar{b} \cdot \bar{b})] = (b \cdot 0) + (a \cdot 0) = 0+0 = 0$$

Weiter: $(a+b) + (\bar{a} \cdot \bar{b}) = (\bar{a} \cdot \bar{b}) + (a+b) = [\bar{a} + (a+b)] \cdot [\bar{b} + (a+b)]$
$= [b + (a+\bar{a})] \cdot [a + (b+\bar{b})] = (b+1) \cdot (a+1) = 1 \cdot 1 = 1$

$(DM)_2$ "Übung"

▫ *Boole`sche Funktionen*

Vorbemerkung:

Wir schreiben: $V^2 = V \times V$, $V^3 = V \times V \times V$
Allgemein: $V^1 = V$, $V^{n+1} = V^n \times V$

Sei im Folgenden $V = \{0,1\}$

Definiton: $f:$ V^n $\longrightarrow$ V

                    $(x_1, x_2, ..., x_n)$ $\longrightarrow$ $f(x_1, x_2, ..., x_n)$

                    heißt Boole`sche Funktion

● Beispiele:

1. $f_1: V^3$ $\longrightarrow$ V

   wobei: $f_1(x_1, x_2, x_3)$ wie folgt definiert ist.

x_1	x_2	x_3	$f_1(x_1, x_2, x_3)$
0	0	0	1
0	0	1	0
0	1	0	0
0	1	1	0
1	0	0	1
1	0	1	1
1	1	0	1
1	1	1	0

Bemerkung:

Bei Erstellung der Wertetafel zählen wir die Argumente (x_1, x_2, x_3) binär hoch.

2. f_2 $(x_1,x_2,x_3) = \overline{x_1} \bullet x_2 \bullet x_3 + x_1 \bullet \overline{x_2} \bullet x_3 + x_1 \bullet \overline{x_2} \bullet \overline{x_3} + x_1 \bullet x_2 \bullet \overline{x_3} +$

$\qquad\qquad\quad x_1 \bullet x_2 \bullet \overline{x_3}$

"Disjunktive Normalform"

Offenbar gilt:

$\qquad \overline{x_1} \bullet x_2 \bullet x_3 = 1 \Leftrightarrow (x_1=0 \wedge x_2=1 \wedge x_3=1)$

$\qquad$ Also folgt aus $a+1=1$: $f_2(x_1,x_2,x_3)=1$ für $(0,1,1)$.

Ebenso schliesst man für die übrigen Summanden. Somit erhalten wir für f_2
folgende Wertetafel:

x_1	x_2	x_3	$f_2(x_1,x_2,x_3)$
0	0	0	0
0	0	1	1
0	1	0	0
0	1	1	1
1	0	0	1
1	0	1	1
1	1	0	1
1	1	1	0

3. $f_3(x_1,x_2,x_3) = (x_1+x_2+\overline{x_3}) \bullet (\overline{x_1}+\overline{x_2}+x_3) \bullet (x_1+x_2+x_3) \bullet (\overline{x_1}+x_2+\overline{x_3})$

"Konjunktive Normalform"

Also: $x_1+x_2+\overline{x_3} = 0$ für $x_1=0$, $x_2=0$, $x_3=1$ und somit wegen $a \bullet 0=0$:

$\qquad f_3(x_1,x_2,x_3)=0$ für $(0,0,1)$. Die selbe Schlußweise für die übrigen
Faktoren ergibt folgende Wertetafel:

x_1	x_2	x_3	$f_3(x_1,x_2,x_3)$
0	0	0	0
0	0	1	0
0	1	0	1
0	1	1	1
1	0	0	1
1	0	1	0
1	1	0	0
1	1	1	1

4. $f_4(x_1,x_2,x_3) = \overline{\overline{x_1} + (x_2 \bullet x_3)} + ((x_1 \bullet x_2) + x_3) \bullet x_2$

Transformation auf Normalform:

Um bei beliebigen Funktionsgleichungen, wie bei Beispiel 4, die Funktionswerte bequem bestimmen zu können, ist der folgende Satz nützlich:

Satz: Jede Boole`sche Funktion kann auf disjunktive oder konjunktive Normalform transformiert werden.

Beweis: Disjunktive Normalform:

    Wir zeigen das allgemeine Prinzip anhand der Transformation von Beispiel 4 oben:

Schritt 1: Solange die Funktionsgleichung Ausdrücke der Form $\overline{a+b}$ oder $\overline{a \bullet b}$ enthält: wende die Gesetze von DeMorgan an:

    $(DM)_1$ $\overline{a+b} = \overline{a} \bullet \overline{b}$
    $(DM)_2$ $\overline{a \bullet b} = \overline{a} + \overline{b}$

    $f_4(x_1,x_2,x_3) = \overline{\overline{x_1}+x_2 \bullet x_3} + \overline{(x_1 \bullet x_2 + x_3) \bullet x_2} =$

    $\overline{\overline{x_1}+x_2 \bullet x_3} \bullet [\overline{(x_1 \bullet x_2 + x_3) \bullet x_2}] =$

    $(x_1 + \overline{x_2 \bullet x_3}) \bullet [\overline{(x_1 \bullet x_2 + x_3)} + \overline{x_2}] =$

$$(x_1 + x_2 \bullet x_3) \bullet [\overline{(\overline{x_1} \bullet \overline{x_2} \bullet x_3) + \overline{x_2}}] =$$

$$(x_1 + x_2 \bullet x_3) \bullet [\overline{(\overline{x_1} + \overline{x_2}) \bullet \overline{x_3} + \overline{x_2}}]$$

$\longrightarrow$ Schritt 2

Schritt 2: Solange die Funktionsgleichung Terme der Form $(a+b) \bullet c$ enthält: wende das Distributivgesetz $(a+b) \bullet c = a \bullet c + b \bullet c$ an.

$$(x_1 + x_2 \bullet x_3) \bullet [\overline{(\overline{x_1} + \overline{x_2}) \bullet \overline{x_3} + \overline{x_2}}] =$$

$$(x_1 + x_2 \bullet x_3) \bullet [\overline{\overline{x_1} \bullet \overline{x_3} + \overline{x_2} \bullet \overline{x_3} + \overline{x_2}}] = \qquad (*)$$

$$(x_1 + x_2 \bullet x_3) \bullet [\overline{\overline{x_1} \bullet \overline{x_3} + \overline{x_2}}] =$$

$$x_1 \bullet \overline{x_1} \bullet \overline{x_3} + x_2 \bullet x_3 \bullet \overline{x_1} \bullet \overline{x_3} + x_1 \bullet x_2 + x_2 \bullet x_3 \bullet x_2 = \qquad (**)$$

$$x_1 \bullet x_2$$

Dabei haben wir bei (*) das Verschmelzungsgesetz und bei (**) das Gesetz vom komplementären Element und das Dominanzgesetz angewandt.

Schritt 3: Falls die Funktionsgleichung "unvollständige" Summanden enthält, d.h. das Argument ist $(x_1,...,x_n)$ und nicht jedes x_i, $1 \leq i \leq n$, ist in jedem Summanden als Faktor in der Form x_i oder $\overline{x_i}$ enthalten:

wende die Regeln $a = a \bullet 1$ und $a + \overline{a} = 1$ an.

$$x_1 \bullet x_2 = x_1 \bullet x_2 \bullet 1 = x_1 \bullet x_2 \bullet (x_3 + \overline{x_3})$$

$\longrightarrow$ Schritt 2

$$x_1 \bullet x_2 \bullet (x_3 + \overline{x_3}) = x_1 \bullet x_2 \bullet x_3 + x_1 \bullet x_2 \bullet \overline{x_3}$$

sonst: $\longrightarrow$ Schritt 4

Schritt 4:   Solange die Funktionsgleichung Terme der Form a+a enthält:
              Wende das Idempotenzgesetz a+a=a an.

              $\longrightarrow$ Stopp ("Die Funktionsgleichung befindet
                                   sich auf Disjunktiver Normalform")

Ergebnis: $f_4(x_1,x_2,x_3) = x_1 \bullet \overline{x_2} \bullet x_3 + x_1 \bullet \overline{x_2} \bullet \overline{x_3}$. Wir erhalten $f_4(x_1,x_2,x_3) = 1$ für
             die Argumente (1,0,1) und (1,0,0).

Konjunktive Normalform:

Aus der Disjunktiven Normalform erkennen wir sofort,
$f_4(x_1,x_2,x_3) = 0$ für die Argumente (0,0,0), (0,0,1), (0,1,0), (0,1,1),
(1,1,0) und (1,1,1). Also ergibt sich für die Konjunktive
Normalform:

$$f_4(x_1,x_2,x_3) = (x_1+x_2+x_3) \bullet (x_1+x_2+\overline{x_3}) \bullet (x_1+\overline{x_2}+x_3) \bullet (x_1+\overline{x_2}+\overline{x_3}) \bullet$$

$$(\overline{x_1}+\overline{x_2}+x_3) \bullet (\overline{x_1}+\overline{x_2}+\overline{x_3})$$

Bemerkung: Selbstverständlich hätten wir auch einen zur disjunktiven
           Normalform analogen Algorithmus aufschreiben können.

Minimierung Boole`scher Funktionsterme:

Auszugehen ist von einer Normalform. Wir erläutern die Idee an Hand von
Beispiel 4.

Disjunktive Normalform:

$$f_4(x_1,x_2,x_3) = x_1 \bullet \overline{x_2} \bullet x_3 + x_1 \bullet \overline{x_2} \bullet \overline{x_3}.$$

Anwendung des Distributivgesetzes, des Komplementären
Elementes und des Neutralen Elementes liefert:

$$f_4(x_1,x_2,x_3) = (x_1 \bullet \overline{x_2}) \bullet x_3 + (x_1 \bullet \overline{x_2}) \bullet \overline{x_3} = (x_1 \bullet \overline{x_2}) \bullet (x_3 + \overline{x_3}) =$$

$$x_1 \bullet \overline{x_2} \bullet 1 = x_1 \bullet \overline{x_2}$$

Ergebnis: $f_4(x_1,x_2,x_3) = x_1 \bullet \overline{x_2}$.

Bemerkung:

Bei größeren Ausdrücken ist es bisweilen schwierig zu erkennen, welche Paare bei der Minimierung jeweils zusammengefasst werden. Um die Berechnung übersichtlich zu gestalten, verwendet man deshalb folgendes Schema:

1. Liste	2. Liste
$x_1 \bullet \overline{x_2} \bullet \overline{x_3}$ ✓	$x_1 \bullet \overline{x_2}$
$x_1 \bullet \overline{x_2} \bullet x_3$ ✓	

Begonnen wird in der ersten Liste mit den gegebenen Summanden. Dabei werden diejenigen mit den meisten komplementären Faktoren zuerst angeschrieben und Summanden mit gleichvielen komplementären Faktoren zu Gruppen zusammengefasst. Offenbar können dann je zwei Summanden aus benachbarten Gruppen zu einem minimierten Term zusammengefasst werden, dieser wird dann in der zweiten Liste angeschrieben, usw. Zusammengefasste Terme werden markiert, die Funktionsgleichung enthält dann am Schluss sämtliche nicht-markierten Terme. Da die Zusammenfassung bis zu einem gewissen Grad willkürlich ist, wird der minimierte Term im Allgemeinen nicht eindeutig bestimmt sein. Wir bemerken noch, dass wir einen bereits verwendeten Term wegen der Regel $a+a=a$ beliebig oft verwenden können.

Konjunktive Normalform:

Eine analoge Umformung ergibt sich für die Konjunktive Normalform durch Anwendung der Regeln $a+(b \bullet c) = (a+b) \bullet (a+c)$, $a \bullet \overline{a} = 0$ und $a+0=a$.

Also: $f_4(x_1,x_2,x_3) = (x_1+x_2+x_3) \bullet (x_1+x_2+\overline{x_3}) \bullet (x_1+\overline{x_2}+x_3) \bullet$

$$(\overline{x_1}+\overline{x_2}+x_3) \bullet (x_1+\overline{x_2}+\overline{x_3}) \bullet (\overline{x_1}+x_2+\overline{x_3})$$

Liste:

1. Liste	2. Liste	3. Liste
$\overline{x_1}+\overline{x_2}+x_3$ ✓	$\overline{x_2}+\overline{x_3}$ ✓	$\overline{x_2}$
$x_1+\overline{x_2}+\overline{x_3}$ ✓	$\overline{x_1}+\overline{x_2}$	x_1
$\overline{x_1}+x_2+\overline{x_3}$ ✓	$x_1+\overline{x_3}$ ✓	
$x_1+x_2+\overline{x_3}$ ✓	$\overline{x_2}+x_3$ ✓	
$x_1+\overline{x_2}+x_3$ ✓	x_1+x_3 ✓	
$x_1+x_2+x_3$ ✓		

Somit: $f_4(x_1,x_2,x_3) = x_1 \bullet \overline{x_2} \bullet (\overline{x_1}+\overline{x_2})$.

Inwiefern jetzt noch weitere Vereinfachungen möglich sind, kann mit Hilfe einer "Funktionsmatrix" entschieden werden. In der Zeile stehen hierbei die nach dem ersten Vereinfachungsschritt verbliebenen Faktoren, in der Spalte diejenigen Argumente, die beim Einsetzen in die Ausgangsform der Konjunktiven Normalform den Funktionswert 0 ergeben.

Also:

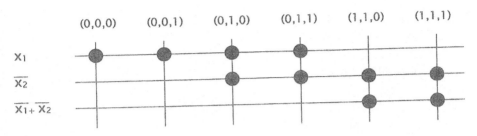

x_1

$\overline{x_2}$

$\overline{x_1} + \overline{x_2}$

Die Markierung gibt dann an, dass das entsprechende Argument eingesetzt in den jeweiligen Faktor den Wert 0 und damit für die gegebene Funktion den richtigen Funktionswert 0 liefert. Faktoren können also noch entfernt werden, wenn in jeder Spalte mindestens eine Markierung verbleibt.

- Ergebnis: $f_4(x_1, x_2, x_3) = x_1 \bullet \overline{x_2}$

Analog erfolgt die endgültige Minimierung bei der Disjunktiven Normalform.

Aufgaben:

1.) Vervollständigen Sie die Beweise bei den Sätzen 1–8.

2.) Geben Sie für jeden Umformungsschritt bei den Beweisen der Sätze 1–8 die jeweilige Begründung an.

3.) Zeigen Sie: $\overline{a} \bullet \overline{b} + a \bullet b = \overline{a \bullet b} + \overline{\overline{a} \bullet b}$

4.) Man zeige: In jeder Boole'schen Algebra gilt: $\overline{0} = 1$ und $\overline{1} = 0$

5.) Man zeige: $(a \bullet c = b \bullet c \wedge a \bullet \overline{c} = b \bullet \overline{c}) \Rightarrow a = b$

6.) Man zeige: Es gibt eine Boole'sche Algebra mit genau zwei Elementen (mit genau vier Elementen).

7.) Man zeige: Es gibt keine Boole`sche Algebra, wobei die Trägermenge V genau drei Elemente enthält.

8.) Eine binäre Funktion f nehme jeweils folgende Werte an:

   a) 1 für (1,0,0), (0,1,1), (1,1,1); sonst stets 0.
   b) 0 für (1,0,0,1), (0,1,1,0), (1,0,1,0), (0,1,1,1), (1,1,1,1); sonst stets 1.
   c) 0 für (0,0,0), (1,0,0), (1,0,1), (0,1,1), (1,1,1); sonst stets 1.
   Man gebe für jede dieser Funktionen eine Funktionsgleichung an und vereinfache diese so weit wie möglich.

9.) Man analysiere den Zeitbedarf bei dem Algorithmus zur Transformation auf Disjunktive Normalform in Abhängigkeit von der Länge der Eingabe (Hinweis:.Analysieren Sie wie oft die Schleifen bei den jeweiligen Schritten maximal zu durchlaufen sind und zählen Sie einen Durchlauf als eine Einheit).

10.) Geben Sie explizit den Algorithmus für die Transformation auf Konjunktive Normalform an.

11.) Gegeben seien nachstehende Funktionsgleichungen binärer Funktionen:

   a) $f(x_1,x_2,x_3) = \overline{x_1} + x_2 + [\overline{x_2} \bullet (x_1 + x_3)]$
   b) $f(x_1,x_2,x_3,x_4) = \overline{(\overline{x_1} + x_4)} \bullet [(x_1 \bullet x_2 \bullet x_3) + \overline{(x_3 \bullet (x_1 \bullet x_4))}]$
   Geben Sie jeweils an für welche Werte der Funktionswert 0 bzw. 1 angenommen wird und vereinfachen Sie diese Funktionen so weit wie möglich.

2.2. Interpretationen der Boole´schen Algebra

2.2.1. Die Aussagealgebra

Definition: Seien A, B Aussagen.

$$A = B \iff (A \Leftrightarrow B)$$

Bemerkung:

Zwei Aussagen sind also genau dann gleich, wenn sie stets den selben Wahrheitswert annehmen. In diesem Sinne gibt es also nur zwei Aussagen, nämlich die Wahren und die Falschen.

Satz: Die Menge der Aussagen bildet mit den Verknüpfungen "$\land$" und "$\lor$" eine Boole´sche Algebra.

Beweis: Kommutativ-, Assoziativ- und Distributivgesetze zeigt man mit Hilfe von Wahrheitstafeln (vgl. Aufgabe 2 in 1.1.).

Weiter: Sei T eine Tautologie. Wir setzen $T = \mathcal{E}$, offenbar folgt dann für alle Aussagen A: $A \land \mathcal{E} = A$. Ebenso: $0 = \neg \mathcal{E}$. Dann gilt für jede Aussage A: $A \lor 0 = A$. Also sind $\mathcal{E}$ und 0 die neutralen Elemente bezüglich "$\land$" und "$\lor$". Schließlich gilt für jede Aussage A: $A \land \neg A = 0$ und $A \lor \neg A = \mathcal{E}$, so dass $\neg A$ das komplementäre Element zu A ist.

Bemerkung:

Wir haben gezeigt, dass die Verknüpfungen "$\leftrightarrow$" und "$\rightarrow$" auf "$\lor$","$\land$" und "$\neg$" zurückgeführt werden können (vgl. Aufgabe 2 in 1.1.). Somit kann also die Aussagelogik durch die Boole´sche Algebra beschrieben werden.

Aus den Regeln von DeMorgan folgt: $A \lor B = \neg(\neg A \land \neg B)$, so dass nur zwei Operationssymbole zur Beschreibung genügen würden. Tatsächlich kann man sogar zeigen, dass ein Verknüpfungszeichen genügt (vgl. Aufgabe 1 unten).

Die Sätze 1-8 aus 2.1. übertragen sich nunmehr unmittelbar auf die Aussagealgebra:

Satz 1':   Die neutralen Elemente $\mathcal{E}$ und $\mathcal{O}$ sind eindeutig bestimmt.

Satz 2': $(IG)_1 \; A \wedge A = A$

                $(IG)_2 \; A \vee A = A$ "Idempotenzgesetze"

Satz 3': $(D)_1 \; A \wedge \mathcal{O} = \mathcal{O}$

                $(D)_2 \; A \vee \mathcal{E} = \mathcal{E}$ "Dominanzgesetze"

Satz 4': $(VG)_1 \; A \wedge (A \vee B) = A$

                $(VG)_2 \; A \vee (A \wedge B) = A$ "Verschmelzungsgesetze"

Satz 5': $[(A \vee C = B \vee C) \wedge (A \wedge C = B \wedge C)] \Rightarrow A = B$

Satz 6': $A = \neg(\neg A)$

Satz 7': $\neg A$ ist eindeutig bestimmt.

Satz 8': $(DM)_1 \; \neg(A \vee B) = \neg A \wedge \neg B$

                $(DM)_2 \; \neg(A \wedge B) = \neg A \vee \neg B$ "Gesetze von DeMorgan"

Die jeweiligen Beweise sind eine wörtliche Wiederholung aus 2.1., indem wir "$\wedge$" für "$\bullet$", "$\vee$" für "+" und "$\neg$" für " $\overline{}$ " setzen.

Bemerkung:

Wir können also mit Aussagen wie mit Zahlen rechnen. Ähnlich wie wir beispielsweise "komplizierte" arithmetische Ausdrücke auf "einfache" zurückführen, können wir dies auch mit Aussagen durchführen. Insbesondere kann beispielsweise der Wahrheitsgehalt einer komplexen Aussage ohne Aufstellen einer umfangreichen Wahrheitstafel ermittelt werden, indem man den entsprechenden Ausdruck auf eine Normalform transformiert.

● Beispiele: 1. Wir bestimmen einen aussagelogischen Ausdruck für
                "entweder $\mathcal{A}$ oder $\mathcal{B}$":

                Offenbar gilt folgende Wahrheitstafel:

$\mathcal{A}$	$\mathcal{B}$	Entweder $\mathcal{A}$ oder $\mathcal{B}$
w	w	f
w	f	w
f	w	w
f	f	f

Disjunktive Normalform:

Entweder $\mathcal{A}$ oder $\mathcal{B}$: $(\mathcal{A} \wedge \neg\mathcal{B}) \vee (\neg\mathcal{A} \wedge \mathcal{B})$

2. In den Vereinten Nationen soll ein Ausschuß eingerichtet
   werden. Als Mitglieder kommen die Staaten A, B, C, D
   und F in Frage. Dabei ist folgendes zu beachten:

a) Nimmt A teil, so müssen auch C und D teilnehmen.

b) B und D nehmen nur zusammen teil oder keiner von

   den Staaten beteiligt sich.

c) Wenn A nicht Mitglied wird, so beteiligt sich D.

d) B wird genau dann Mitglied, wenn F nicht Mitglied wird.

e) Wenn sich C beteiligt, dann beteiligt sich auch F.

Welche möglichen Staatenkombinationen können gebildet

werden? (Vgl. 1.1., Aufgabe Nr. 3).

Also:

$\mathscr{A}$: Staat A nimmt teil.

$\mathscr{B}$: Staat B nimmt teil.

$\mathscr{C}$: Staat C nimmt teil.

$\mathscr{D}$: Staat D nimmt teil.

$\mathscr{F}$: Staat F nimmt teil.

Dann:

a) $\mathscr{A} \to (\mathscr{C} \wedge \mathscr{D}) = \neg \mathscr{A} \vee (\mathscr{C} \wedge \mathscr{D})$

b) $(\mathscr{B} \wedge \mathscr{D}) \vee (\neg \mathscr{B} \wedge \neg \mathscr{D})$

c) $\neg \mathscr{A} \to \mathscr{D} = \neg (\neg \mathscr{A}) \vee \mathscr{D} = \mathscr{A} \vee \mathscr{D}$

d) $\mathscr{B} \leftrightarrow \neg \mathscr{F} = (\mathscr{B} \to \neg \mathscr{F}) \wedge (\neg \mathscr{F} \to \mathscr{B}) = (\neg \mathscr{B} \vee \neg \mathscr{F}) \wedge (\mathscr{F} \vee \mathscr{B})$

e) $\mathscr{C} \to \mathscr{F} = \neg \mathscr{C} \vee \mathscr{F}$

Wir haben also folgenden aussagelogischen Term zu bestimmen:

$$(\neg \mathscr{A} \vee (\mathscr{C} \wedge \mathscr{D})) \wedge ((\mathscr{B} \wedge \mathscr{D}) \vee (\neg \mathscr{B} \wedge \neg \mathscr{D})) \wedge (\mathscr{A} \vee \mathscr{D}) \wedge ((\neg \mathscr{B} \vee \neg \mathscr{F}) \wedge (\mathscr{B} \vee \mathscr{F})) \wedge (\neg \mathscr{C} \vee \mathscr{F})$$

Zur besseren Übersichtlichkeit führen wir die algebraischen Umformungen in den Symbolen der "reinen" Boole`schen Algebra durch:

$$[(\overline{a}+c \bullet d) \bullet (\overline{b \bullet d} + \overline{b} \bullet \overline{d})] \bullet [(a+d) \bullet (\overline{b}+\overline{f})] \bullet [(f+b) \bullet (\overline{c}+f)] =$$

$$[(\overline{a} \bullet b \bullet d + \overline{a} \bullet \overline{b} \bullet \overline{d} + c \bullet b \bullet d) \bullet (a \bullet \overline{b} + a \bullet \overline{f} + \overline{b} \bullet d + d \bullet \overline{f})] \bullet (f \bullet \overline{c} + f + b \bullet \overline{c} + b \bullet f) =$$

$$(a \bullet b \bullet d \bullet \overline{f} + a \bullet \overline{b} \bullet c \bullet d \bullet \overline{f} + b \bullet c \bullet d \bullet \overline{f}) \bullet (f + b \bullet \overline{c}) =$$

$$(a \bullet \overline{b} \bullet c \bullet d \bullet \overline{f})$$

Wir erhalten somit:

$$(\neg \mathscr{A} \vee (\mathscr{C} \wedge \mathscr{D})) \wedge ((\mathscr{B} \wedge \mathscr{D}) \vee (\neg \mathscr{B} \wedge \neg \mathscr{D})) \wedge (\mathscr{A} \vee \mathscr{D}) \wedge ((\neg \mathscr{B} \vee \neg \mathscr{F}) \wedge (\mathscr{B} \vee \mathscr{F})) \wedge (\neg \mathscr{C} \vee \mathscr{F}) =$$
$$\neg \mathscr{A} \wedge \mathscr{B} \wedge \neg \mathscr{C} \wedge \mathscr{D} \wedge \neg \mathscr{F}$$

Ergebnis: Die Staaten B und D nehmen teil.

Aufgaben:

1.)

A	B	$A \mid B$
w	w	f
w	f	w
f	w	w
f	f	w

"Sheffer`scher Strich"

Zeigen Sie, dass sämtliche aussagelogischen Verknüpfungen mit Hilfe des Sheffer`schen Strichs definiert werden können.

2.) Man führe die Beweise für die Sätze 1'–8' in der Aussagealgebra explizit durch.

3.) Man vereinfache die beiden folgenden aussagelogischen Ausdrücke soweit wie möglich. Was bedeuten die beiden Ergebnisse jeweils?
   a) $\neg [A \wedge (\neg A \vee B)] \vee B$
   b) $[(A \wedge \neg B) \vee B] \wedge \neg (A \vee B)$

4.) Kurz nach einem spektakulären Bankraub werden die Täter gefasst. Stolz stellt Kommissar Rex auf einer Pressekonferenz seine Arbeit vor und gibt bekannt:

   a) Aufgrund der Vorgehensweise kommen nur Goldfinger, Silverhand und Pistolen-Jim als Täter in Frage.

   b) Es steht mit Sicherheit fest, dass sie die Tat nicht zu dritt begangen haben.

   c) Silverhand kann nicht beteiligt gewesen sein, wenn Goldfinger einer der Täter war.

   d) Entweder war Goldfinger oder Pistolen-Jim der Täter.

e) War Silverhand nicht der Täter, müssen Goldfinger und Pistolen-Jim den Raub ausgeführt haben.

Daraus schlossen meine Mitarbeiter und ich, dass nur Silverhand und Pistolen-Jim gemeinsam den Raub geplant und ausgeführt haben können. Überprüfen Sie den Schluss auf seine Richtigkeit.

5.) An einer Hochschule werden junge Studenten befragt, in welche Fachrichtungen sie einsteigen wollen. Folgende Ergebnisse gab man bekannt:

a) Wenn man Englisch studiert, wird man auch Sport studieren.

b) Entweder man studiert Mathematik und Wirtschaftswissenschaft oder keines von beiden.

c) Wenn man Wirtschaftswissenschaft wählt, wird man nicht Sport und Englisch zusammen studieren.

d) Genau dann, wenn man sich für Englisch oder Mathematik entschieden hat, wird man auch Sport nehmen.

Zeigen Sie, dass die Studienkombination Englisch mit Mathematik bzw. Wirtschaftswissenschaft nicht zustandekommt.

2.2.2.   Die Mengenalgebra

Satz: Sei M eine Menge. Die Potenzmenge P(M) bildet mit den Verknüpfungen "∩" und "∪" eine Boole´sche Algebra.

Beweis: Wir zeigen: A∩B = B∩A

$$A \cap B = \{x; x \in A \land x \in B\} = \{x; x \in B \land x \in A\} = B \cap A$$

Genauso zeigt man das Kommutativgesetz bezüglich "∪", sowie die Assoziativ- und Distributivgesetze.

Weiter: Sei E = M. Offenbar gilt für jede Menge A ∈ P(M): A ∩ E = A
           Sei O = ∅. Offenbar gilt für jede Menge A ∈ P(M): A ∪ O = A

Schliesslich setzen wir $\bar{A} = M \backslash A = \{x; x \in M \land x \notin A\}$.

Wir erhalten: A ∪ Ā = E und A ∩ Ā = O

Also ist P(M) mit "∩" und "∪" tatsächlich eine Boole´sche Algebra.

Aufgaben:

1.) Man formuliere die Sätze 1-8 der Boole`schen Algebra für die Mengenalgebra.

2.) Man veranschauliche, falls möglich, die Axiome und die Sätze 1-8 der Mengenalgebra jeweils durch ein Venn-Diagramm.

3.) Man vereinfache:

   a) [A∪(A∩B)]∩[A∪(B∩C)]
   b) [(A∩B)∪B]∩(A∪B)

2.2.3.   Die Schaltalgebra

Wir sind nun in der Lage, die grundlegenden Schaltungen, wie sie im Zusammenhang bei elektronischen Rechenanlagen auftreten zu beschreiben. Auf technische Einzelheiten werden wir hierbei nicht eingehen. Wir vereinbaren nun folgende Symbolik:

"Es fliesst Strom" werde dargestellt durch:

(a)   x = L

"Gatterdarstellung"

"Es fliesst kein Strom":

(a)   x = O

 Definition: $\Sigma = \{x; x=O \lor x=L\}$

In Σ definieren wir nun folgende Operationen:

Definition: $\neg$ Σ $\longrightarrow$ $\overline{\Sigma}$

   x $\longrightarrow$ $\overline{x}$

Dabei gilt:

x	$\overline{x}$
0	L
L	0

"Schalttafel"

Die so definierte Funktion heisst Inversion.

Wir symbolisieren die Inversion folgendermassen:

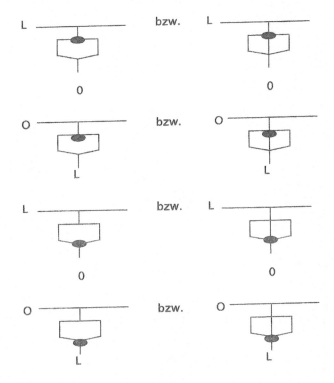

Offenbar ordnet die Inversion einem Zustand den jeweils "entgegengesetzten" zu.

Definition: ⊓:   Σ×Σ: ——▶   Σ

(x,y)   ——▶   x⊓y

Dabei gilt:

x	y	x⊓y
O	O	O
O	L	O
L	O	O
L	L	L

"Konjunktion"

Gatterdarstellung:

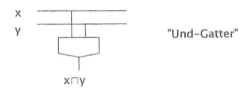

x

y   "Und–Gatter"

x⊓y

Also: Bei der Konjunktion fliesst dann und nur dann Strom, wenn beide Eingangsleitungen mit Strom belegt sind.

Definition: ⊔:   Σ×Σ: ——▶   Σ

(x,y)   ——▶   x⊔y

Dabei gilt:

x	y	x⊔y
O	O	O
O	L	L
L	O	L
L	L	L

"Disjunktion"

Gatterdarstellung:

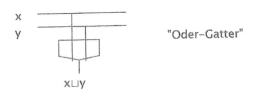

"Oder-Gatter"

Also: Bei der Disjunktion fliesst dann und nur dann Strom, wenn mindestens eine Eingangsleitung mit Strom belegt ist.

Satz: Σ bildet mit den Verknüpfungen "$\sqcap$", "$\sqcup$" eine Boole`sche Algebra.

Beweis: "Übung"

- *Anwendungen*

   Addition von Dualzahlen:

a) Zwei Dualzahlen:
   Offenbar gilt: $0 + 0 = 0$
                          $1 + 0 = 1$
                          $0 + 1 = 1$
                          $1 + 1 = 10$

Wir realisieren 0("die Zahl 0!") durch O("es fliesst kein Strom") und 1 durch L. Für die Summe und dem wegen $1+1=10$ erforderlichen Übertrag ergeben sich somit die folgenden beiden Schaltungen:

x	y	Übertrag: $ü_{ha}$	Summe: s_{ha}
O	O	O	O
O	L	O	L
L	O	O	L
L	L	L	O

Die Disjunktive Normalform liefert dann jeweils folgende
Funktionsgleichungen:

$\ddot{u}_{ha} = x \sqcap y$
$s_{ha} = (\bar{x} \sqcap y) \sqcup (x \sqcap \bar{y})$

Gatterdarstellung:

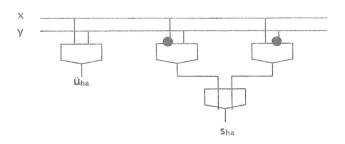

Definition: Die so festgelegte Schaltung heisst "Halbaddierer". Wir führen
hierfür folgendes Symbol ein:

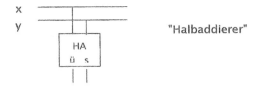

"Halbaddierer"

b) drei Dualzahlen:

Durch analoge Überlegung wie bei zwei Dualzahlen erhalten wir
für den Übertrag und die Summe bei drei Dualzahlen folgende
Schaltungen:

x	y	z	Übertrag: $\ddot{u}_{va}$	Summe: s_{va}
0	0	0	0	0
0	0	L	0	L
0	L	0	0	L
0	L	L	L	0
L	0	0	0	L
L	0	L	L	0
L	L	0	L	0
L	L	L	L	L

Es folgt:

$$\ddot{u}_{va}(x,y,z) = (\overline{x}\sqcap y\sqcap z) \sqcup(x\sqcap\overline{y}\sqcap z) \sqcup(x\sqcap y\sqcap\overline{z}) \sqcup(x\sqcap y\sqcap z)$$

$$s_{va}(x,y,z) = (\overline{x}\sqcap\overline{y}\sqcap z) \sqcup(\overline{x}\sqcap y\sqcap\overline{z}) \sqcup(x\sqcap\overline{y}\sqcap\overline{z}) \sqcup(x\sqcap y\sqcap z)$$

Nach Umformung folgt:

$$\ddot{u}_{va}(x,y,z) = [z\sqcap((x\sqcap\overline{y}) \sqcup (\overline{x}\sqcap y))] \sqcup [[(x\sqcap y)] \sqcap (z\sqcup\overline{z})] =$$
$$(z\sqcap s_{ha}(x,y)) \sqcup \ddot{u}_{ha}(x,y)$$

$$s_{va}(x,y,z) = (\overline{x}\sqcap\overline{y}\sqcap z) \sqcup(\overline{x}\sqcap y\sqcap\overline{z}) \sqcup(x\sqcap\overline{y}\sqcap\overline{z}) \sqcup(x\sqcap y\sqcap z) =$$

$$[\overline{z}\sqcap((x\sqcap\overline{y}) \sqcup(\overline{x}\sqcap y))] \sqcup [z\sqcap((\overline{x}\sqcap\overline{y}) \sqcup(x\sqcap y))] =$$

$$(\overline{z}\sqcap s_{ha}(x,y)) \sqcup(z\sqcap \overline{s_{ha}(x,y)}) =$$

$$(\overline{s_{ha}(x,y)} \sqcap z) \sqcup(\overline{z}\sqcap s_{ha}(x,y)) =$$

$$s_{ha}(s_{ha}(x,y),z)$$

Dabei haben wir die Beziehung $(\overline{x}\sqcap\overline{y}) \sqcup(x\sqcap y) = (x\sqcap\overline{y}) \sqcup\overline{(\overline{x}\sqcap y)}$ benutzt (vgl. Aufgabe Nr. 3 in 2.1.).

Damit ergibt sich folgende Schaltung:

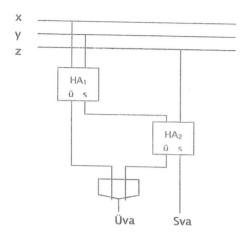

(Man beachte: $\ddot{u}_{ha2} = S_{ha1} \sqcap z$)

Definition: Die so festgelegte Schaltung heisst "Volladdierer".

Symbol:

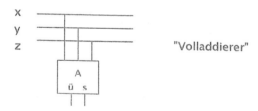

"Volladdierer"

Die Addition von mehr als drei Dualzahlen kann dann durch den sukzessiven Einbau weiterer Volladdierer durchgeführt werden.

Der "Flip-Flop" als Speicherelement:

Grundintention ist, dass eine Schaltung, die zunächst in einem stabilen Zustand Z_n ist, durch "tasten" (set) oder "löschen" (reset) in den jeweils anderen Zustand übergeführt werden soll, wobei dieser dann beibehalten wird ("Speicherfunktion"). Wir symbolisieren dies wie folgt:

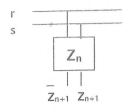

Aus den vorangegangenen Überlegungen ergibt sich folgende Wertetafel:

Z_n	s	r	Z_{n+1}
0	0	0	0
0	0	L	0
0	L	0	L
0	L	L	–
L	0	0	L
L	0	L	0
L	L	0	L
L	L	L	–

Disjunktive Normalform:

$$Z_{n+1} = (Z_n \sqcap s \sqcap \overline{r}) \sqcup (\overline{Z_n} \sqcap s \sqcap \overline{r}) \sqcup (Z_n \sqcap \overline{s} \sqcap \overline{r})$$

Vereinfachung:

1. Liste	2. Liste
$\overline{Z_n} \sqcap s \sqcap r$ ✓	$\overline{s \sqcap r}$
$\overline{Z_n} \sqcap s \sqcap \overline{r}$ ✓	$Z_n \sqcap \overline{r}$
$Z_n \sqcap s \sqcap \overline{r}$ ✓	

Ergebnis: $\overline{Z_{n+1}} = (\overline{s \sqcap r}) \sqcup (\overline{Z_n \sqcap r})$

Eine Schaltung mit Hilfe der üblichen Symbole erhält man wie folgt:

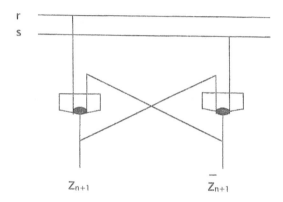

Z_{n+1} \qquad $\overline{Z_{n+1}}$

Dabei handelt es sich um eine sogenannte sequentielle Schaltung. Der Folgewert wird in zwei Schritten erreicht.

Definition: Die so definierte Schaltung heisst "SR–Flip–Flop".

Endliche Automaten:

Bei Eingabe einer beliebigen Folge von Nullen und Einsen soll das Auftreten von bestimmten Zeichenfolgen ("Wörtern") angezeigt werden. Wir zeigen die Grundidee am Beispiel der Zeichenfolge 1101:

In dem folgenden Diagramm prüft man nach, dass der gekennzeichnete Endzustand k_5 dann und nur dann erreicht wird, wenn die gesuchte Folge 1101 auftritt.

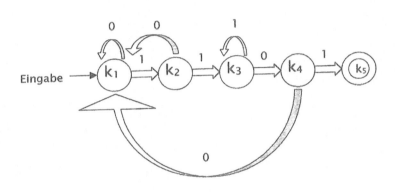

Ein derartiges Diagramm heisst endlicher Automat. Die Wirkungsweise können wir wie folgt beschreiben:

Beispiel:

"Liegt der Zustand k_4 vor und wird dort 0 gelesen, so gehe nach rechts zum nächsten Zeichen und fahre im Zustand k_1 fort".

Kurz:

$$k_4 \qquad 0 \qquad r \qquad k_1$$

Allgemein:

$$k_i \qquad a_j \qquad r \qquad k_l$$

Eine derartige Zeile heisst Konfiguration. Konfigurationen für den Endzustand symbolisieren wir folgendermassen:

$$k_5 \qquad a_j \qquad s \qquad k_5$$

"Im Zustand k_5 wird der Stoppzustand erreicht".

Der Automat ist dann durch die Angabe seiner Konfigurationen vollständig bestimmt:

k_1	0	r	k_1
k_1	1	r	k_2
k_2	0	r	k_1
k_2	1	r	k_3
k_3	0	r	k_4
k_3	1	r	k_3
k_4	0	r	k_1
k_4	1	r	k_5
k_5	0	s	k_5
k_5	1	s	k_5

"Schema eines endlichen Automaten"

Erreicht eine Zeichenfolge ("Wort") den Endzustand, so sagt man: Der Automat akzeptiert das Wort. Der obige Automat akzeptiert also alle Wörter mit der Endfolge ("Postfix") 1101. Für die Nichtakzeptanz gibt es dann zwei Möglichkeiten:

(a) Die Folge ist unendlich: Dann wird das Diagramm beliebig oft durchlaufen, ohne dass der Endzustand erreicht wird ("Endlosschleife").

(b) Die Folge ist endlich: Die Abarbeitung endet in einem der Zustände k_1 bis k_4 (die Eingabe"hängt").

Konkret kann der Automat wie folgt realisiert werden:

Um den momentanen Zustand zu kennen, benötigen wir Speicherelemente, die sich diesen "merken" können. Für fünf Zustände sind dann drei "Flip-Flop`s" erforderlich (allgemein: Mit n "Flip-Flop`s" können 2^n Zustände charakterisiert werden). Die Zuordnung ist dann relativ willkürlich:

Zustände	Flip-Flop`s		
	A_n	B_n	C_n
k_1	0	0	0
k_2	0	0	1
k_3	0	1	0
k_4	0	1	1
k_5	1	0	0

Im weiteren bedeutet dann:

x: "ankommendes Zeichen"

$$T= \begin{cases} 1, \text{ Endzustand erreicht (die gesuchte Zeichenfolge liegt vor)} \\ 0, \text{ sonst} \end{cases}$$

Somit wird der Ablauf des obigen Automaten durch die nachfolgende Schalttafel beschrieben:

Situation im Moment n				Übergang vom Zustand k_i zum Zustand k_j	Situation im Moment n+1			Anzeige ob das gesuchte Wort vorliegt.	Umschaltung der Flip-Flop's					
A	B	C	X		A	B	C	T	A		B		C	
									s	r	s	r	s	r
0	0	0	0	$k_1 \longrightarrow k_1$	0	0	0	0						
0	0	0	1	$k_1 \longrightarrow k_2$	0	0	1	0					1	
0	0	1	0	$k_2 \longrightarrow k_1$	0	0	0	0						1
0	0	1	1	$k_2 \longrightarrow k_3$	0	1	0	0			1			1
0	1	0	0	$k_3 \longrightarrow k_4$	0	1	1	0					1	
0	1	0	1	$k_3 \longrightarrow k_3$	0	1	0	0						
0	1	1	0	$k_4 \longrightarrow k_1$	0	0	0	0				1		1
0	1	1	1	$k_4 \longrightarrow k_5$	1	0	0	1	1			1		1

Bemerkung:

In der Automatentheorie wird allgemein gezeigt, welche Sprachen derartige Automaten prinzipiell akzeptieren können. Darüber hinaus wird untersucht, welche Struktur diese Sprachen haben und wie die entsprechenden Automaten effektiv konstruiert werden können. Die Theorie der formalen Sprachen klärt dann, wie diese Sprachen systematisch aufgebaut werden. Man kommt so zu den regulären Sprachen (vgl. Literaturhinweise).

Aufgaben:

1.) Man veranschauliche, soweit möglich, die Axiome der Schaltalgebra und die daraus folgenden Sätze 1–8 je durch eine Gatterdarstellung.

2.) Gegeben sei nachfolgende Schaltung:

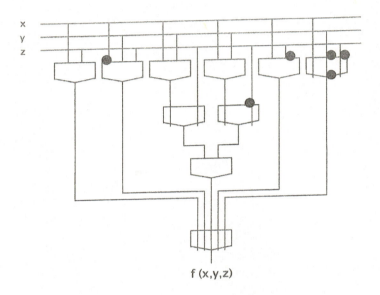

f (x,y,z)

    a) Geben Sie für diese Schaltung eine Funktionsgleichung an.
    b) Für welche Belegungen nimmt diese den Funktionswert L an?
    c) Vereinfachen Sie diese Schaltung so weit wie möglich und zeichnen Sie diese.

3.) Gegeben sei nachstehende Funktion:

$$f(x,y,z) = \overline{[[x \sqcup (y \sqcap z)] \sqcap \overline{(x \sqcup y)}]} \sqcup (x \sqcap \overline{z})$$

    a) Zeichnen Sie hierfür ein Schaltdiagramm.
    b) Vereinfachen Sie diese Schaltung so weit wie möglich und zeichnen Sie die vereinfachte Schaltung.

4.) Die Zentralheizung eines Hauses wird über einen Handschalter, sowie über je einen Innen- und Aussenfühler gesteuert. Der Aussenfühler reagiert bei Temperaturen unter 5^0 C Aussentemperatur, der Innenfühler bei Innentemperaturen unter 18^0 C. Für die Steuerung über die Fühlerautomatik muss der Handschalter die Stellung 0 einnehmen. Die Heizung wird in diesem Fall eingeschaltet, wenn der Innenfühler anspricht. Andererseits lässt sich die Heizung auch über den Handschalter in Betrieb setzen. Dann verhindert jedoch eine Sperre die Inbetriebnahme, wenn sowohl die Aussen- als auch die Innentemperatur mehr als 5^0 C bzw. 18^0 C betragen. Entwerfen Sie hierfür eine möglichst einfache Schaltung.

5.) Gegeben sei folgender endlicher Automat:

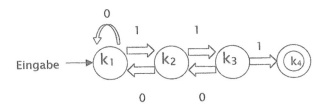

a) Man gebe hierfür das Konfigurationsschema an.

b) Man gebe an, welche Sprache dieser Automat akzeptiert.

6.) Man prüfe, in wiefern das Konfigurationsschema eines endlichen Automaten einen Algorithmus darstellt.

7.) Man gebe je einen endlichen Automaten, das Konfigurationsschema und die Schalttafel für das Erkennen der nachfolgenden Zeichenfolgen an:

a) 0 1 0						b) 1 1 0						c) 0 1 1 0

3. Algorithmen

Um seine Funktion erfüllen zu können, benötigt ein Computer ein Programm – und ein Programm ist ein Algorithmus!. Dies ist auch ohne weiteres anschaulich klar: Denn ein Problem muss für die maschinelle Bearbeitung in kleine Einheiten ("Schritte") zerlegt werden und diese werden dann "mechanisch" ausgeführt. Also das, was wir intuitiv mit dem Begriff Algorithmus verbinden. Somit erfordert der Aufbau eines Computers eine algorithmische Struktur. Wir haben dies am Beispiel des endlichen Automaten bereits gesehen. Fordert man nun umgekehrt, dass auch jeder Algorithmus durch einen Computer simuliert werden kann, so werden die Begriffe Computer und Algorithmus äquivalent. Dies ist letztendlich die These von Church (vgl. 3.2.). Damit ist klar, dass für eine echte Einsicht in das Wesen der Informatik das Verstehen des Begriffes Algorithmus notwendig erforderlich ist. Es liegt hier in der Tat der zentrale Begriff in der Informatik vor!

3.1. Der intuitive Algorithmusbegriff

- *Etymologie*

Der Begriff geht zurück auf den persischen Mathematiker Al Choresmi (ca 825 in Bagdad). Dieser verfasste ein Lehrbuch, indem er die auf Null basierende Stellenschreibweise einführte. Algorithmus bedeutete ursprünglich "Rechnen gemäss dem Lehrbuch des Al Choresmi".

- *Propädeutischer Algorithmusbegriff*

Vorläufig legen wir dem Algorithmusbegriff folgende Überlegung zugrunde:

   a) Ein Algorithmus besteht aus endlich vielen Vorschriften ("Schritten").
   b) Es steht eindeutig fest, welche Vorschrift als erstes anzuwenden ist.
   c) Nach Ausführung jeder Vorschrift steht fest, welche Vorschrift als nächstes anzuwenden ist.
   d) Jede Vorschrift ist rein "mechanisch" ausführbar.

● Beispiele

1. Wegbeschreibung
2. Gebrauchsanweisung
3. Kochrezept
4. Berechnung von $\sqrt{2}$ auf fünf Dezimalstellen genau:

Schritt 1: $n = 1$; $x_n = 1$ ⟶   Schritt 2

Schritt 2: $x_{n+1} = x_n - \dfrac{x_n^2 - 2}{2x_n}$ "auf fünf Dezimalstellen" ⟶ Schritt 3

Schritt 3:   falls: $x_{n+1} = x_n$,   Stopp "gib x_n als Lösung aus"

              sonst: $n := n+1$ ⟶   Schritt 2

5. Ablaufschema eines endlichen Automaten zur Erkennung einer Zeichenfolge.

■ *Grundprobleme*

Im Zusammenhang mit der Algorithmustheorie stellen sich nun folgende grundsätzliche Fragen:

1. Kann jedes Problem durch einen Algorithmus entschieden werden oder gibt es möglicherweise Fragen, zu deren Beantwortung prinzipiell kein Algorithmus existieren kann ("algorithmische Entscheidbarkeit")?

2. Falls ein Problem durch einen Algorithmus entschieden werden kann, erfolgt die Lösung in "vertretbarer Zeit" bzw. mit "vertretbarem Speicheraufwand" ("Komplexitätstheorie")?

▪ *Präzise Algorithmusbegriffe*

Die Beantwortung der obigen Fragen erfordert einen logisch exakten Algorithmusbegriff. Hierzu wurden in der Literatur im wesentlichen folgende Konzepte vorgeschlagen:

1. Die λ-K-Definierbarkeit von Church:

   Church, A. [1941]."The Calculi of Lambda-Conversion", *Annals of mathematics studies* 6, Princeton Univ. Press, Princeton, N.J.

2. Die μ-rekursiven Funktionen von Kleene:

   Kleene, S.C. [1936]. "General recursive funktions of natural numbers", *Mathematische Annalen* 112, 727-742.

3. Die Turing-Maschine von Turing:

   Turing, A.M. [1936]. "On computable numbers with an application to the Entscheidungsproblem", *Proc. London Math. Soc.,* 2:42, 230-265.
   Korrektur ebd: 43, 544-546.

4. Normale Algorithmen von Markov.

   Марков, А.А., Теория алгорифмов, Тр. Матем. ин.-та им. Стеклова АН СССР 42, (1954), 1-376.

5. Grammatiken von Chomsky:

   Chomsky, N. [1956]. "Three models for the description of language", *IRE Trans. on Information Theory* 2:3, 113-124.

Hierbei zeigt sich folgendes:

Die Konzepte sind sämtlich äquivalent im folgenden Sinne:

Jedes Problem, das im Konzept A entscheidbar ist, ist auch in B entscheidbar und umgekehrt. Ist ein Problem in A nicht entscheidbar, so ist es auch in B nicht entscheidbar und umgekehrt.

Im wesentlichen hat sich im weiteren die Idee der Turingmaschine durchgesetzt, und zwar aus folgenden Gründen:

1. Das Konzept erlaubt eine sehr anschauliche maschinelle Interpretation.

2. Der konkrete Entwurf von Algorithmen gelingt hier insbesondere wegen der leichten Verfügbarkeit von Unterprogrammen relativ einfach.

Aufgaben:

1.) Geben Sie je für eine Wegbeschreibung, ein Kochrezept, eine Gebrauchsanweisung einen Algorithmus als konkretes Beispiel an.

2.) Zeigen Sie, inwiefern der propädeutische Algorithmusbegriff nicht den Ansprüchen einer exakten Definition genügt.

3.2. Die Turingmaschine als präziser Algorithmusbegriff

▪ *Grundidee*

Das Konzept besteht in einer weitest möglichen Zerlegung ("Atomisierung")
der jeweiligen Vorschriften. Als solche erweisen sich:

1. r: "Ein Schritt nach rechts" (nächstes Symbol)

2. l: "Ein Schritt nach links" (vorangegangenes Symbol)

3. a_i: "Schreiben des Symbols a_i " (Drucken)

4. s: "Stopp"

Dabei wird die jeweilige Operation in Abhängigkeit von dem jeweils
gelesenen Symbol ausgeführt.

▪ *Maschinelle Interpretation*

Die genannten Operationen kann man sich durch eine Maschine wie folgt
ausgeführt denken:

Gerechnet wird auf einem beiderseits "unendlichen" Band, das in Felder
eingeteilt ist.

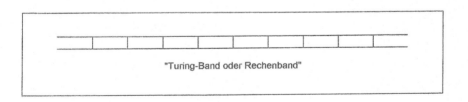

"Turing-Band oder Rechenband"

An dem Band ist ein Schreib-/ Lesekopf angebracht, der sich auf einem
bestimmten Feld befindet und hierbei die jeweilige Operation ausführt.

▪ *Formale Durchführung*

Definition: $\Sigma = \{a_1, a_2, ..., a_n\}$ heisst Alphabet.

○ Beispiele:

1. $\Sigma = \{0,1,2,...,9,+,\bullet,:,-,=,(,)\}$
2. $\Sigma = \{0,1\}$ "Binäre Codierung"
3. $\Sigma = \{\ |\ \}$ "Unäre Codierung"

Definition: $a_0 = *$ heisst Blank oder leeres Feld.
Definition: Sei w eine beliebige Folge von Elementen aus Σ.
                      w heisst Wort über Σ.

● Beispiele:

1. 0 1 1 0 1
2. | | | |
3. $4 + 5 \bullet (8-3) = 29$
4. 0 1 0 1 0 1 0 1 0 1 ...$= (01)^n$

Bemerkung:

Die Folge für ein Wort kann dabei sowohl abbrechend als auch nicht abbrechend sein.

Definition: $L = \{w; w$ Wort über $\Sigma\}$ heisst Sprache über Σ.
Definition: Im Folgenden bedeute:

                 r: "Ein Schritt nach rechts" (nächstes Symbol)
                 l: "Ein Schritt nach links" (vorangegangenes Symbol)
                 a_i: "Schreiben des Symbols a_i, $a_i \in \Sigma \cup \{a_0\}$"
                 s: "Stopp"
                 k_i: "i-ter Zustand oder i-ter Schritt, $1 <= i <= m$"
                 $v \in \{r, l, a_i, s\}$

$$k_i \qquad a_j \qquad v \qquad k_l$$

heisst Konfiguration.

(lies: "Im Zustand (Schritt) k_i wird, falls a_j gelesen wird, die Operation v ausgeführt und falls $v \neq s$ zum Zustand (Schritt) k_l übergegangen).

Definition: Ein Turing-Programm (eine Turing-Maschine) über Σ ist ein Schema, das für alle Zustände und für jedes $a_i \in \Sigma \cup \{a_0\}$ eine Konfiguration enthält.

● Beispiele:

1. Sei $\Sigma = \{|\}$, dann:

a)	1	*	|	3
b)	1	|	ℓ	2
c)	2	*	s	2
d)	2	|	ℓ	1
e)	3	*	s	3
f)	3	|	s	3

Annahme: Das Band sei wie folgt beschriftet:

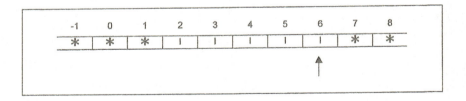

Die Maschine werde auf den letzten Buchstaben angesetzt. Sie führt dann folgende Bewegungen aus:

START	bei Zeile b	geht zu Feld 5	weiter:	Zeile d
Fortfahren	bei Zeile d	geht zu Feld 4	weiter:	Zeile b
Fortfahren	bei Zeile b	geht zu Feld 3	weiter:	Zeile d
Fortfahren	bei Zeile d	geht zu Feld 2	weiter:	Zeile b
Fortfahren	bei Zeile b	geht zu Feld 1	weiter:	Zeile c
Fortfahren	bei Zeile c	⟶ STOPP		

2. Jeder endliche Automat ist eine Turing-Maschine, deren Operationen auf r und s beschränkt sind ("schreibgesperrte" Turing-Maschine).

▪ *Hypothese von Church*

Jede Turing-Maschine ist ein Algorithmus und umgekehrt wird jeder Algorithmus durch eine Turing-Maschine repräsentiert.

Bemerkung:

Ursprünglich hatte Church eine hierzu äquivalente These bezüglich berechenbarer Funktionen formuliert.

Generelle Vereinbarung:

Im folgenden verwenden wir die Begriffe Programm, Turing-Maschine und Algorithmus synonym.

▪ *Die Elementarprogramme*

Sei $\Sigma = \{a_1, a_2, ..., a_n\}$:

1. Die Rechtsmaschine r ("Nächstes Feld")

1	a_0	r	2
1	a_1	r	2
1	a_2	r	2
.	.	.	.
.	.	.	.
.	.	.	.

(r)

1	a_n	r	2
2	a_0	s	2
2	a_1	s	2
2	a_2	s	2
.	.	.	.
.	.	.	.
.	.	.	.
2	a_n	s	2

"Angesetzt auf ein beliebiges Feld geht die Maschine einen Schritt nach rechts und stoppt dann".

2. Die Linksmaschine l ("Ein Feld zurück")

1	a_0	l	2
1	a_1	l	2
1	a_2	l	2
.	.	.	.
.	.	.	.
.	.	.	.

(l)

1	a_n	l	2
2	a_0	s	2
2	a_1	s	2
2	a_2	s	2
.	.	.	.
.	.	.	.
.	.	.	.
2	a_n	s	2

"Angesetzt auf ein beliebiges Feld geht die Maschine einen Schritt nach links und stoppt dann".

3. Die Druckmaschine a_i ("Drucken")

1	a_0	a_i	1
1	a_1	a_i	1
1	a_2	a_i	1
.	.	.	.
.	.	.	.
1	a_i	s	1
.	.	.	.
.	.	.	.
1	a_n	a_i	1

(a_i)

"Angesetzt auf ein beliebiges Feld druckt die Maschine auf dieses das Symbol a_i".

Bemerkung:

Mit Hilfe dieser drei Elementarprogramme (Module) können nun sämtliche Programme (Computer) aufgebaut werden.

- *Unterprogramme (Zusammensetzung von Turing-Maschinen)*

Sei $\Sigma = \{a_1, a_2, ..., a_n\}$:

Wir führen folgende Symbolik ein:

    M_i: Turing-Maschine

    $M_j \xrightarrow{\;1\;} M_k$: Man beginne im Anfangszustand der Maschine M_j. Bei M_j ersetzte man jede Konfiguration der Art:

        k_i a_l s k_j

durch:

$$k_i \quad a_l \quad a_l \quad c_{Mk}$$

Dabei sei c_{Mk} der Anfangszustand der Maschine M_k. Dann füge man die Konfigurationen von M_k an diejenigen von M_j an (offenbar beginnt man mit der Maschine M_j, erreicht diese über a_l den Endzustand, so wird die Maschine M_k gestartet und das Programm läuft, bis M_k den Stoppzustand erreicht hat).

$$M_j \longrightarrow M_k: M_j \overset{l}{\longrightarrow} M_k \text{ gilt für alle l mit } 0<=l<=n.$$

$$M_j \overset{\neq i}{\longrightarrow} M_k: M_j \longrightarrow M_k \text{ gilt, ausser für l } = i.$$

Weiter schreiben wir:

$M_i\, M_k$	für:	$M_i \longrightarrow M_k$
M^2	für:	MM
M^3	für:	MMM usw.

● Beispiel:

$$M_1 \overset{2}{\longrightarrow} M_2 \overset{3}{\underset{\neq 3}{\longrightarrow}} M^4{}_3 \longrightarrow M_1 M_4$$

▪ *Weitere grundlegende Programme*

1. Die große Rechtsmaschine R:

(R)

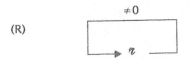

"Läuft nach rechts und stoppt auf dem ersten freien Feld (sucht das Wortende)".

2. Die große Linksmaschine L:

(L)

"Läuft nach links und stoppt auf dem ersten freien Feld (sucht den Wortanfang)".

3. Die Rechts-Suchmaschine ϱ:

(ϱ)

"Läuft nach rechts, bis das erste beschriebene Feld erreicht ist".

4. Die Links-Suchmaschine λ:

(λ)

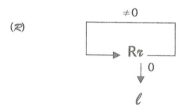

"Läuft nach links, bis das erste beschriebene Feld erreicht ist".

5. Die Rechte-Endmaschine ℛ:

(ℛ)

"Läuft nach rechts, bis das erste mal zwei freie Felder erreicht sind und stoppt auf dem ersten freien Feld nach dem letzten Wort (sucht Satzende)".

6. Die Linke-Endmaschine $\mathcal{L}$:

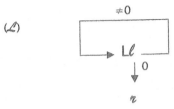

"Läuft nach links, bis das erste mal zwei freie Felder erreicht sind und stoppt auf dem ersten freien Feld (sucht den Satzanfang)".

7. Die Lösch-Maschine E:

(E)

$\neq 0$

$*r$

"Löscht das Feld auf dem sie angesetzt ist, sowie jedes beschriebene nachfolgende Feld und stoppt auf dem ersten freien Feld".

- *Komplexe Turing-Maschinen*

1. Die Suchmaschine S:

(S) $r \xrightarrow{0} a_1\ell \xrightarrow{0} a_1\varrho\, a_0 r \xrightarrow{0} a_1\lambda\, a_0$

$\downarrow \neq 0 \qquad\qquad \downarrow \neq 0$

$\varrho\, a_0 \lambda \qquad\qquad \lambda\, a_0 \varrho$

"Angesetzt auf ein freies Feld schiebt S eine Marke so lange nach rechts bzw. links, bis die Maschine auf ein beschriebenes Feld trifft. Die Maschine löscht dann die zuletzt geschriebene Marke und stoppt auf dem gefundenen Feld".

2. Translationsmaschine T:

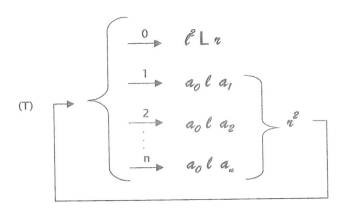

(T)

"Angesetzt auf den ersten Buchstaben verschiebt die Translationsmaschine T das Wort um ein Feld nach links und stoppt auf dem ersten Buchstaben des verschobenen Wortes".

Aufgaben:

1.) Man gebe an, was die nachfolgenden Turingmaschinen jeweils konkret leisten.

a)
1	*	|	1
1	|	r	2
2	*	s	2
2	|	s	2

b)
1	*	|	1
1	|	r	2
2	*	r	1
2	|	s	2

c)

$$r^2 \, T$$

(V)

d)

(K)

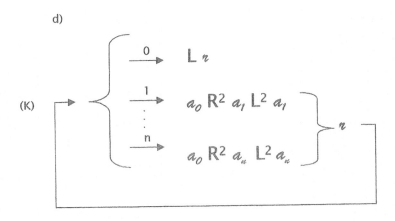

2.) Annahme: Das Turing-Band sei wie folgt beschriftet:

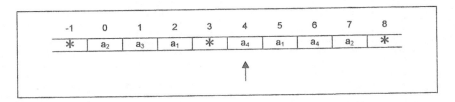

Man setze die Maschinen T, V, und K auf des Feld Nr. 4 an und beschreibe die Wirkungsweise.

3.) Man gebe für die Rechte-End Maschine $\mathscr{R}$ konkret die Maschinentafel an ($\Sigma = \{0,1\}$).

4.) Sei $\Sigma = \{0,1\}$. Man gebe Turingmaschinen an, die jeweils folgendes leisten:

a) "Verschieben": M verschiebt ein Wort w um ein Feld nach rechts.

b) "Sortieren": M sortiert w so, dass zuerst die Nullen von w kommen und dann die Einsen von w folgen.

c) "Mehr Nullen als Einsen": M prüft, ob M mehr Nullen als Einsen enthält.

d) "Reverse": M druckt bei Eingabe von w das "Kehrwort" w^R.

3.3. Algorithmische Entscheidbarkeit

• Beispiel: Wir geben einen Algorithmus an, der für jede natürliche Zahl die Eigenschaft: "n ist eine gerade Zahl" entscheidet. Hierzu kodieren wir $n \in \mathbb{N}$ unär durch $n+1$ Striche (1 Strich entspricht der 0). Der Algorithmus druckt dann im letzten Schritt j ("ja") wenn die Eigenschaft erfüllt ist, n ("nein") wenn eine ungerade Zahl vorliegt. Dabei setzten wir wie üblich die Maschine auf den ersten Buchstaben an:

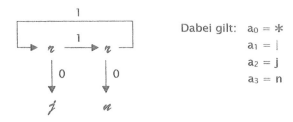

Dabei gilt: $a_0 = *$
              $a_1 = |$
              $a_2 = j$
              $a_3 = n$

Allgemein:

Definition: Sei L eine Sprache über Σ, $j,n \notin \Sigma$ und M eine Turing–Maschine über $\Sigma \cup \{j,n\}$. M entscheidet L algorithmisch, genau dann wenn gilt:

(i)   M terminiert bei jeder beliebigen Eingabe nach endlich vielen Schritten (d.h.: M erreicht nach endlich vielen Bewegungen stets einen Stoppzustand).

(ii) $w \in L \Leftrightarrow$ M druckt im vorletzten Schritt j (und stoppt dann).

(iii) $w \notin L \Leftrightarrow$ M druckt im vorletzten Schritt n.

L ist algorithmisch entscheidbar, dann und nur dann wenn es eine Turing–Maschine M gibt, die L algorithmisch entscheidet.

- Beispiel: Für natürliche Zahlen ist die Gleichheit algorithmisch entscheidbar. Genauer:

  $L = \{m=n; \ m,n \in \mathbb{N}\}$ ist algorithmisch entscheidbar.

  Wir kodieren die Elemente aus $\mathbb{N}$ unär, so dass L über $\Sigma = \{|, =\}$ definiert ist.
  Folgende Maschine entscheidet die Gleichheit

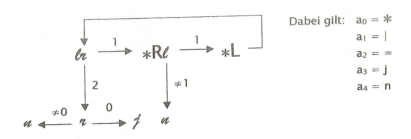

Dabei gilt: $a_0 = *$
$a_1 = |$
$a_2 = \ =$
$a_3 = j$
$a_4 = n$

Bemerkungen:

1. Eine Menge, die algorithmisch entscheidbar ist, heisst auch rekursiv.
2. Druckt eine Turing-Maschine M bei Eingabe eines Wortes w: j, so sagt man auch: M akzeptiert w.
3. Die Nichtakzeptanz eines Wortes kann dann prinzipiell auf zwei Arten erfolgen:
   a) M druckt n.
   b) M läuft endlos weiter (z.B.: M befindet sich in einer Endlosschleife).
4. M akzeptiert eine Menge A genau dann, wenn M jedes $w \in A$ akzeptiert.
5. Wird eine Menge A akzeptiert, so braucht sie nicht algorithmisch entscheidbar zu sein. Denn: Solange der Algorithmus läuft, kann man prinzipiell nicht sagen, ob er zu einem späteren Zeitpunkt eine Entscheidung im Sinne "ja" oder "nein" treffen wird, oder er sich möglicherweise bereits in einer Endlosschleife befindet.
6. Eine Menge A, die von einer Turing-Maschine M akzeptiert wird, nennt man auch rekursiv-aufzählbar (der Name rührt daher, dass für derartige Mengen stets eine Turing-Maschine M existiert, die sukzessive sämtliche Elemente von A auf das Turing-Band schreibt, also "aufzählt").

Satz: Sind A und Ā rekursiv aufzählbar, so ist A rekursiv.

Beweis: Sei M_1 die Turing–Maschine, die A akzeptiert (M_1 existiert
                   nach Voraussetzung, da A rekursiv aufzählbar ist). Analog
                   sei M_2 diejenige Maschine, die Ā akzeptiert (dabei stoppen
                   M_1 und M_2 nicht notwendig!).

                   Zu zeigen: Es gibt eine Turing–Maschine M, die A
                   algorithmisch entscheidet (d.h. dass sie A akzeptiert und
                   stets stoppt).

                   Wir skizzieren M wie folgt:

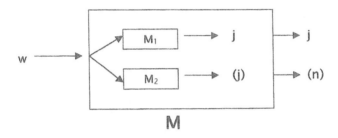

                   M simuliert bei Eingabe von w sowohl M_1 als auch M_2. Je
                   nachdem ob $w \in A$ oder $w \notin A$ antwortet M_1 bzw. M_2 nach
                   endlich vielen Schritten mit ja. M gibt dann entsprechend ja
                   oder nein aus und entscheidet somit $w \in A$.

Satz: Ist L rekursiv, so ist L̄ ebenfalls rekursiv.

Beweis: "Übung".

Aufgaben:

1.) Zeigen Sie: Für natürliche Zahlen ist die Relation $k|m$ ("k teilt m") algorithmisch entscheidbar.

2.) Zeigen Sie: Für natürliche Zahlen ist die Eigenschaft "p ist eine Primzahl" algorithmisch entscheidbar.

3.) Annahme: Das Turing–Band sei wie folgt beschriftet:

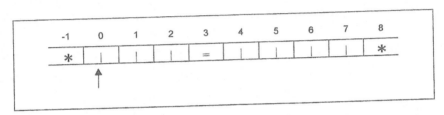

Man setze die Maschine, die die Gleichheit natürlicher Zahlen entscheidet auf den ersten Buchstaben an und beschreibe den Ablauf.

4.) Zeigen Sie: Für natürliche Zahlen ist die Relation $k<m$ algorithmisch entscheidbar.

5.) Zeigen Sie: Für ein beliebiges Wort über $\Sigma = \{a_1, a_2, ..., a_n\}$ ist algorithmisch entscheidbar, ob ein Palindrom[2] vorliegt.

6.) Zeigen Sie den Beweis des Satzes, dass mit L auch $\overline{L}$ rekursiv ist.

---

[2] Ein Palindrom ist ein Wort, das vorwärts und rückwärts gelesen dasselbe ergiebt, z.B. OTTO.

3.4. Grenzen der Algorithmisierung: Algorithmische Nichtentscheidbarkeit

▫ *Problemstellung*

Gibt es Probleme, die algorithmisch nicht entscheidbar sind? Dies bedeutet: Es gibt keine Turing-Maschine, die das Problem nach endlich vielen Schritten mit "ja" oder "nein" entscheidet. Historisch liegen derartigen Problemen Sätze zugrunde, die bereits den Griechen in ihrer Problematik bekannt waren: "Ein Kreter sagt, was ich jetzt behaupte ist gelogen" (vgl. hierzu auch die Russel`sche Antinomie, Seite 20).

▫ *Formale Durchführung*

Kodierung von Turing-Maschinen (Gödelisierung):

Wir ordnen jeder Turing-Maschine eindeutig eine Dualzahl zu:
Ohne Beschränkung der Allgemeinheit sei $\Sigma = \{0,1\}$. Hierzu setzten wir:

$$* = 0^1 \qquad \text{"Blank"}$$
$$0 = 00 = 0^2$$
$$1 = 000 = 0^3$$
$$r = 0^4 \qquad \text{"Rechts"}$$
$$l = 0^5 \qquad \text{"Links"}$$
$$s = 0^6 \qquad \text{"Stopp"}$$
$$k = 0^{6+k} \qquad \text{"k-ter Zustand"}$$

Eine Konfiguration codieren wir wie folgt:

$$k \quad 1 \quad a_i \quad 1 \quad v \quad 1 \quad k',$$

dabei sind k, a_i, v und k' wie oben codiert.

Das Turing-Programm schreiben wir dann so, dass wir die Konfigurationen nicht untereinander, sondern in einer Zeile, getrennt durch 11 schreiben. Anfang und Ende der Maschine zeigen wir durch 111 an.

Beispiel: Die Rechtsmaschine n ("Nächstes Feld")

1	*	r	2
1	0	r	2
1	1	r	2
2	*	s	2
2	0	s	2
2	1	s	2

(n)

Also: $1110^71010^410^811\,0^710^210^410^8...111$

Bemerkung:

1. Jede Turing–Maschine ist somit eindeutig durch eine Dualzahl darstellbar.
2. Es kann effektiv überprüft werden, ob eine bestimmte Dualzahl eine Turing–Maschine darstellt ("Rückübersetzung").
3. Der Sinn der Codierung besteht darin, dass hierdurch Algorithmen selbst wieder Gegenstand algorithmischer Untersuchungen werden können (d.h.: Man kann bestimmte Eigenschaften von Algorithmen algorithmisch prüfen, indem man diese als Dualzahl codiert und in einen entsprechenden Algorithmus eingibt).

Lexikographische Ordnung:

Wir ordnen nun sämtliche Wörter über dem Alphabet $\Sigma = \{0,1\}$ wie folgt:

Ordnungszahl	Wort w
1.	0
2.	1
3.	00
4.	01
5.	10
6.	11
7.	000
8.	001
⋮	⋮

Bemerkung:

Da jeder Text dual codiert werden kann, muss auf diese Art und Weise jeder bisher geschriebene Text (z.B. Goethes "Faust", die Bibel) wie auch jeder zukünftig Geschriebene irgendwann einmal erscheinen. Die Idee geht auf den im 12. Jahrhundert lebenden Philosophen Petrus Ramus zurück.

Aus der Konstuktion folgt nun:

1. Es gibt eine Turing-Maschine, die die lexikographische Ordnung sukzessive erzeugt.
2. Es gibt einen Algorithmus, der für ein vorgegebenes Wort w die Ordnungszahl dieser Ordnung ermittelt.
3. Es gibt einen Algorithmus, der für eine vorgegebene Dualzahl ermittelt, ob diese eine Turing-Maschine repräsentiert.
4. Es gibt einen Algorithmus, der eine Teilordnung für die codierten Turing-Maschinen im Sinne der lexikographischen Ordnung erzeugt.
5. Es gibt einen Algorithmus, der die Turing-Maschine an der i-ten Position dieser Teilordnung ermittelt.

Diagonalsprache:

Sei

M_i: Die Turing-Maschine mit der Ordnungsnummer i in der durch die Turing-Maschinen gegebenen Teilordnung der lexikographischen Ordnung.

w_j: Das j-te Wort in der lexikographischen Ordnung.

$$a_{ij} = \begin{cases} 1, & M_i \text{ akzeptiert } w_j. \\ 0, & \text{sonst.} \end{cases}$$

Z.B. $a_{37} = 0$: Die dritte Turing-Maschine akzeptiert das siebte Wort nicht.

Definition: $D = \{\, w_i;\ a_{ii} = 0\,\}$ "Diagonalsprache"

Also: Alle Wörter, die von der Turing-Maschine mit der selben Ordnungszahl in der jeweiligen Ordnung nicht akzeptiert werden.

Satz: Die Diagonalsprache ist algorithmisch nicht entscheidbar.

Beweis: Indirekt: Dies bedeutet: Wir nehmen an, das Gegenteil unserer Behauptung wäre richtig und führen dies dann zu einem Widerspruch, also:

Annahme: D sei algorithmisch entscheidbar. Dann gibt es nach Definition der Entscheidbarkeit eine Turing-Maschine M*, die $w \in D$ bzw. $w \notin D$ für jedes w nach endlich vielen Schritten entscheidet. Sei $< M^* >$ die zugehörige Dualzahl. Diese muss dann in der obigen Teilordnung der Turing-Maschine vorkommen, sei i_0 ihre Position. Wir betrachten nun das an der i_0-ten Stelle der lexikographischen Ordnung stehende Wort w_{i_0}. Welchen Wert nimmt die Zahl $a_{i_0 i_0}$ an?

Fall 1: $a_{i_0 i_0} = 1$

Also: $a_{i_0 i_0} = 1 \Rightarrow M_{i_0}$ akzeptiert w_{i_0} bzw. M* akzeptiert w_{i_0}.
     (nach Definition von a_{ij}.)
          $\Rightarrow$ M* druckt bei Eingabe von w_{i_0}: j.
          $\Rightarrow w_{i_0} \in D.$
          $\Rightarrow a_{i_0 i_0} = 0$ (nach Definition von D).

Somit müsste in diesem Fall $1=0$ gelten und wir haben einen Widerspruch erhalten.

Fall 2: $a_{i_0 i_0} = 0$

Also: $a_{i_0 i_0} = 0 \Rightarrow w_{i_0} \in D$ (nach Definition von D).
          $\Rightarrow M_{i_0} = $ M* druckt bei Eingabe von w_{i_0} ein j (denn M* entscheidet D algorithmisch).
          $\Rightarrow M_{i_0}$ akzeptiert w_{i_0}.
          $\Rightarrow a_{i_0 i_0} = 1$ (nach Definition von a_{ij}).

Somit haben wir auch für diesen Fall einen Widerspruch erhalten und unsere Annahme insgesamt zu einem Widerspruch geführt.

Bemerkungen:

1. Wir erläutern die obige Beweisführung folgendermassen: Aus der Annahme D sei entscheidbar folgt die Aussage $1=0$. Da letztere offenbar falsch ist, muss nach Definition der Subjunktion (vgl. Seite 7) auch die Voraussetzung D sei entscheidbar falsch sein. Wir können auch anders argumentieren: $A \to B$ ist gleichwertig mit $\neg B \to \neg A$. "Prinzip des indirekten Beweises" (vgl. Seite 12). Also: Wir haben oben gezeigt: Ist D algorithmisch entscheidbar, so folgt: $1=0$. Nach dem Prinzip des indirekten Beweises folgt somit: Aus $1 \neq 0$ folgt: D ist nicht algorithmisch entscheidbar.

2. Unser obiges Ergebnis besagt somit, dass es keinen Algorithmus gibt, der für ein beliebiges Wort entscheiden kann, ob dies der Diagonalsprache angehört oder nicht.

3. Die Beweisführung für die Nichtentscheidbarkeit der Diagonalsprache beruht auf der sogenannten Diagonalisierung. Diese wurde erstmals von dem Begründer der Mengenlehre, Georg Cantor angewandt, als dieser zeigte, dass die reellen Zahlen nicht abzählbar sind; also von einer höheren Ordnung unendlich sind als die natürlichen Zahlen: $|\mathbb{R}| > |\mathbb{N}|$ (vgl: 1.2., Aufgabe Nr. 12).

Universelle Sprache:

Sei nun M eine Turing-Maschine, w ein beliebiges Wort über $\Sigma = \{0,1\}$.

Definition: $< M,w >$: Dualzahl der Turing-Maschine M gefolgt von w.

$< M,w >$ hat also folgende Form:

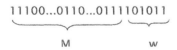

M   w

Definition: U = {< M,w >; M akzeptiert w}   "Universelle Sprache"

Die Universelle Sprache enthällt also alle als Dualzahl codierten Algorithmen mit den entsprechenden Wörtern, die diese akzeptieren.

Satz: Die Universelle Sprache ist algorithmisch nicht entscheidbar.

Beweis: Indirekt:
                 Annahme: U sei algorithmisch entscheidbar. Dann gibt es eine Turing-Maschine M_u, die U algorithmisch entscheidet. Weiter gelte:

M_l: Diejenige Turing-Maschine, die für ein beliebiges Wort w dessen Position in der lexikographischen Ordnung ermittelt.

M_T: Diejenige Turing-Maschine, die für eine vorgegebene Ordnungszahl i die Turing-Maschine M_i der entsprechenden lexikographischen Teilordnung ermittelt und dann diese als Dualzahl < M_i > ausgibt.

Aus den Maschinen M_l, M_T und M_u konstruieren wir nun die nachfolgende Turing-Maschine M:

M

Sei nun w ein beliebiges Wort. M simuliert zunächst bei dessen Eingabe die Maschine M_l, man erhält die Ordnungsnummer i_0 von w: w = w_{i0}. Daraufhin gibt M i_0 in die Maschine M_T ein und simuliert diese. Man erhält < M_{i0} >. Schliesslich gibt M die so ermittelte Dualzahl < M_{i0}, w_{i0} > in die Maschine M_u ein. Gibt M_u j aus (M_u stoppt stets nach Voraussetzung!), so gibt M ebenfalls j aus, andernfalls n.

Es folgt:

M akzeptiert w $\Leftrightarrow$ M_u akzeptiert $< M_{i0}, w_{i0} > \Leftrightarrow a_{i0i0} = 1 \Leftrightarrow$ w $\in \overline{D}$.

Da die Maschinen M_I und M_T nach Konstruktion und M_u nach Voraussetzung stoppen, stoppt auch M. Also entscheidet M die Menge $\overline{D}$ algorithmisch, d.h. $\overline{D}$ ist rekursiv. Aus 3.3. folgt dann:

$\overline{\overline{D}} = D$ ist rekursiv. Wir erhalten also einen Widerspruch zu unserem Ergebnis, dass die Diagonalsprache D algorithmisch nicht entscheidbar ist.

Bemerkung:

Es sei noch einmal darauf hingewiesen, dass unser Ergebnis besagt, dass es keinen Algorithmus gibt, der für alle Algorithmen und jedes beliebige Wort entscheidet, ob die entsprechende Dualzahl der Universellen Sprache angehört. Für einzelne Algorithmen und bestimmte Wörter ist diese Frage natürlich sehr wohl entscheidbar!

■ *Typische Schlussweise bei der algorithmischen Nichtentscheidbarkeit*

Um zu zeigen, dass ein Problem algorithmisch nicht entscheidbar ist, geht man im Allgemeinen nach folgendem Prinzip vor: Man zeigt zunächst, dass ein Problem, das ansich durchaus uninteressant sein kann, algorithmisch nicht entscheidbar ist (hier die Diagonalsprache). Dann zeigt man, dass wenn das interessierende Problem entscheidbar wäre, es dann auch das bereits als nicht entscheidbar erkannte Problem entscheidbar sein müsste.

Bemerkung:

Die Universelle Sprache ist sehr wohl interessant, denn sie enthält sämtliche durch Algorithmen entscheidbare Probleme. Zum Beispiel zieht ihre vollständige Kenntnis nach sich, dass man für einen bestimmten Algorithmus sämtliche Probleme kennt, die durch diesen lösbar sind. Oder: Für ein bestimmtes Problem weiss man, falls es algorithmisch lösbar ist, sämtliche Algorithmen für die Lösung.

■ *Weitere nichtentscheidbare Probleme*

<u>Satz:</u>   Folgende Probleme sind algorithmisch nicht entscheidbar:

(i)   Sei A ein beliebiger Algorithmus und w ein Problem. Stoppt A bei der Eingabe von w? "Halteproblem"

(ii)   Sei M eine beliebige Turing-Maschine. Stoppt M angesetzt auf das leere Band?

(iii) Gegeben sei eine beliebige Turing-Maschine M. Stoppt M bei jeder Eingabe eines Wortes w?

(iv)   Gegeben sei eine beliebige Turing-Maschine M. Existiert ein Wort w, bei dessen Eingabe M stoppt?

(v)   Gegeben seinen zwei Turing-Maschine M_1 und M_2. Akzeptieren M_1 und M_2 dieselbe Sprache L?

Beweis: (i)   Das Halteproblem ist gerade die Aussage, dass die Universelle Sprache nicht rekursiv ist.

(ii)   Wir zeigen: Wäre das Problem algorithmisch entscheidbar, so gelte dies auch für das Halteproblem (vgl. die obige Bemerkung). Also:
Annahme: Das Problem sei algorithmisch entscheidbar.
Es gibt dann einen Algorithmus A, der für eine beliebige Turing-Maschine M entscheidet: M stoppt angesetzt auf das leere Band.
Sei also M eine beliebige Turing-Maschine, sowie w ein Wort. Ohne Beschränkung der Allgemeinheit nehmen wir z.B. an: w = $a_1a_3a_4a_2a_2$.
Wir betrachten dann folgende Maschinen:

$M_D = a_1 a_3 r a_4 r a_2 r a_2$. ("Druckt w auf das leere Band").

$M^* = M_D L^\prime_w M$ ("Simuliert zunächst M_D, läuft nach links und dann auf den ersten Buchstaben von w und simuliert schliesslich M").

Wird M^* auf das leere Band angesetzt, so stoppt M^* dann und nur dann, wenn M bei der Eingabe von w stoppt. Unser hypothetischer Algorithmus mit dem wir prüfen können, ob M^* angesetzt auf das leere Band stoppt erlaubt uns somit auch zu prüfen, ob M bei der Eingabe von w stoppt. Da wir wissen, dass das Halteproblem algorithmisch nicht entscheidbar ist, kann somit auch der angenommene Algorithmus A nicht existieren.

(iii)   "Übung" (Hinweis: Ist M eine beliebige Turing-Maschine, so betrachten Sie die Maschine M^* = EM (E: "Löschmaschine") und setzten Sie diese auf ein beliebiges Wort w unter der Annahme, das Problem (iii) sei entscheidbar, an).

(iv)   Analog zu (iii).

(v)   "Übung" (Hinweis: Betrachten Sie für M_2 eine triviale Maschine, die jede Eingabe akzeptiert (z.B. "j druckt und stoppt")).

- Beispiele:

1. "Fermat`sches Problem":

In der Zahlentheorie ist eines der bekanntesten ungelösten Probleme: "Gibt es für die Gleichung $a^n + b^n = c^n$, n>2, $n \in \mathbb{N}$ ganzzahlige Lösungen (Welche Lösungen gibt es beispielsweise für n = 2?)?

Wir können einen Algorithmus konstruieren, der sukzessive für a,b,c,n entsprechend der Aufgabenstellung alle Kombinationen produziert und stoppt, wenn eine Lösung gefunden ist. Nach (iv) können wir aber algorithmisch nicht entscheiden, ob es eine Kombination gibt, bei der der Algorithmus stoppt.

2. "Programmtest":

In der Testphase eines Programmes ist es wünschenswert zu wissen, ob das Programm unter allen Bedingungen fehlerfrei läuft. Nach (iii) gibt es aber keinen Algorithmus, der bei einem beliebigen Programm anzeigt, ob dieses stets stoppt oder möglicherweise in eine Endlosschleife geraten kann.

▪ *Allgemeine Konsequenz für die Nichtentscheidbarkeit*

Tatsächlich folgt aus der Nichtentscheidbarkeit der Universellen Sprache, dass für rekursiv aufzählbare Sprachen praktisch alle nichttrivialen Probleme algorithmisch nicht entscheidbar sind.

Alle Probleme

Aufgaben:

1.) Man codiere die beiden Turing-Maschinen aus 3.2., Aufgabe 1 a) und b).

2.) Analysieren Sie den folgenden Satz auf Widerspruchsfreiheit: "Der Barbier des Dorfes rasiert alle Einwohner dieses Dorfes, mit Ausnahme derjenigen, die sich selbst rasieren".

3.) Vergleichen Sie die Antinomie des Barbiers mit dem Prinzip der Diagonalisierung, wie es beim Beweis der algorithmischen Nichtentscheidbarkeit der Diagonalsprache angewandt wurde.

4.) Beschreiben Sie die Arbeitsweise der Algorithmen M_I und M_T, die beim Beweis der Nichtentscheidbarkeit der Universellen Sprache eingeführt wurden (eine informelle Beschreibung genügt).

5.) In der Zahlentheorie versteht man unter einem Primzahlzwilling zwei durch zwei getrennte Primzahlen (z.B. 29,31 oder 41 und 43). Man weiss bis heute nicht: Gibt es unendlich viele Primzahlzwillinge? Kann dieses Problem algorithmisch gelöst werden? Begründung!

6.) Wodurch unterscheiden sich die Aussagen (I), (iii) und (iv) in den Beispielen für die Nichtentscheidbarkeit?

7.) Beweisen Sie (iii) und (v) in dem Satz für die Beispiele der Nichtentscheidbarkeit.

3.5. Einführung in die Komplexitätstheorie

3.5.1. Problemstellung

Wir erläutern die hiermit verbundenen Probleme am Beispiel des Handlungsreisendenproblems:

Gegeben seien n Orte, wobei jeder Ort mit jedem direkt verbunden sei. Gesucht ist diejenige Rundreise, die durch jeden Ort genau einmal zum Ausgangsort zurückführt, so dass die Gesamtweglänge minimiert wird.

- Beispiel: $n = 4$, in dem folgenden Graphen ist die jeweilige Entfernung an den Pfeilen angegeben.

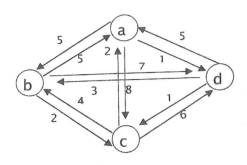

Die Lösung kann durch einen Kombinatorikbaum erhalten werden, die angeschriebenen Zahlen bedeuten hierbei die jeweils aufsummierten Weglängen:

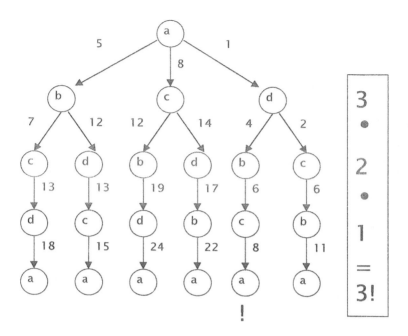

Offenbar lautet die Optimalfolge: a–d–b–c–a mit der Gesamtlänge 8.

Allgemein erkennt man nun: Bei n Orten gibt es insgesamt (n–1)! verschiedene Rundreisen. Nimmt man nun an, ein Rechner benötige zur Berechnung einer Rundreise 10^{-6} Sekunden (also den millionsten Teil einer Sekunde!), so würde er zur Berechnung sämtlicher Rundreisen bei insgesamt 25 Orten benötigen: $24! \times 10^{-6}$ Sekunden $= 1,97 \times 10^{10}$ Jahre!

Offenbar muss somit ein Algorithmus, der in dem obigen Sinne sukzessive den Kombinatorikbaum aufbaut als ineffizient bezeichnet werden. Das Ziel der Komplexitätstheorie besteht dann darin, die Effizienz bzw. Ineffizienz entscheidbarer Algorithmen näher bzw. exakt zu bestimmen.

Aufgabe:

Ein Algorithmus druckt sämtliche mögliche Sitzkombinationen Ihres Kurses aus. Wie lange benötigt er hierzu (eine Kombination benötige 10^{-6} Sekunden).

3.5.2.   Komplexitätsmasse

▪ *Problemstellung*

Wie kann die Effizienz von Algorithmen gemessen werden? In der Literatur
werden hierzu im wesentlichen zwei Masse unterschieden:

1. Der zur Berechnung erforderliche Speicher (Anzahl der notwendigen
   Felder des Turingbandes) "Bandkomplexität".

2. Die zur Berechnung erforderliche Zeit "Zeitkomplexität".

Wir beschränken uns auf die Zeitkomplexität.

▪ *Zeitkomplexität*

Definition: Sei L eine rekursive Sprache und w ein Wort der Länge n, sowie M
eine Turing–Maschine, die L algorithmisch entscheidet. M
entscheidet w $\in$ L in der Zeit T (n) genau dann, wenn M nach
Durchlaufen von höchstens T(n) Konfigurationen in einen
Stoppzustand kommt.

Bemerkungen:

1. Die Zeitangabe T(n) bedeutet somit die obere Grenze für die Zeit in der
   das Problem spätestens entschieden ist.

2. Anschaulich führt der Kopf der Turing–Maschine T(n) Bewegungen aus.
   Die Zeiteinheit ist also die Dauer zwischen zwei Bewegungen.

- Beispiele:

1. Folgender Algorithmus entscheidet, ob ein Wort die Länge 5 hat:

Offenbar gilt: $T(n) = 6$ ("Konstante Funktion")

Wir schreiben hierfür: $T(n) = O(1)$ ("Von der Ordnung 1")

2. Der nachstehende Algorithmus entscheidet die Sprache $L = \{(01)^n; n \in \mathbb{N}\}$.

Dabei gilt: $a_0 = *$
              $a_1 = 0$
              $a_2 = 1$
              $a_3 = j$
              $a_4 = n$

Es folgt: $T(n) = 1+1+n+n+1$

Also: $T(n) = 2n+3$ ("Lineare Funktion")

Wir schreiben hierfür: $T(n) = O(n)$ ("Von der Ordnung n")

3. Gleichheit natürlicher Zahlen (vgl. Seite 86):

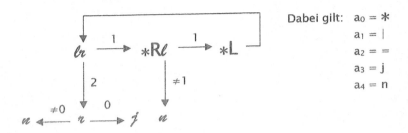

Dabei gilt: $a_0 = *$
$a_1 = |$
$a_2 = =$
$a_3 = j$
$a_4 = n$

Es folgt:

$$T(n) = 1+1+1+\underline{n}+1+1+\underline{(n-1)}+$$
$$1+1+\underline{(n-2)}+1+1+\underline{(n-3)}+$$
$$\vdots$$
$$1+1+\underline{3}+1+1+\underline{2}+$$
$$\underline{1}+$$

$$\left.\begin{array}{c} \\ \\ \\ \\ \end{array}\right\} \dfrac{n-1}{2}$$

$$+2$$

$$= 1+4\bullet\dfrac{n-1}{2}+\tfrac{1}{2}\bullet n\bullet(n+1)+2$$

Dabei haben wir die Formel $\displaystyle\sum_{i=1}^{n} i = \tfrac{1}{2}\bullet n\bullet(n+1)$ benutzt und beachtet, dass

die Schleife im ungünstigsten Fall $\left(\dfrac{n-1}{2}+1\right)$ -mal durchlaufen wird.

Schliesslich folgt: $T(n) = 1/2n^2+5/2n+3/2$ ("Quadratische Funktion")

Wir schreiben hierfür: $T(n) = O(n^2)$ ("Von der Ordnung n^2")

▪ *Zeitordnung (O-Notation)*

Definition: Seien f,g Funktionen mit dem Definitionsbereich $\mathbb{N}$.

$$f(n) = O(g(n)) \Leftrightarrow (\lim_{n \to \infty} \left\langle \frac{f(n)}{g(n)} \right\rangle = k \wedge 0 < k < \infty)$$

"f ist von der Ordnung g"

● Beispiel:

Sei $f(n) = 1/2n^2 + 5/2n + 3/2$ und $g(n) = n^2$.

Dann gilt: $\lim_{n \to \infty} \left\langle \frac{1/2n^2 + 5/2n + 3/2}{n^2} \right\rangle = \frac{1}{2}$

Bemerkungen:

1. Sind zwei Funktionen von der selben Ordnung, so zeigen sie im Unendlichen dasselbe Verhalten.

2. Da für Algorithmen für das Zeitverhalten nur "grosse" Eingabewerte relevant sind, wird das Zeitverhalten auf die Untersuchung typischer Funktionen reduziert.

3. Die Analyse des Zeitverhaltens kann dann auf typische Eigenschaften des Algorithmus wie z.B. das Zählen von Schleifen etc. reduziert werden.

Im einzelnen gelten folgende Grundregeln:

1. O(1) (vgl. Bsp. 1):

START → ◯ ——→ ◯ → STOPP

"linearer Algorithmus"

2. $O(n)$ (vgl. Bsp. 2):

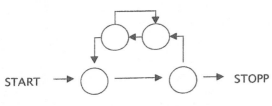

"Schleife"

3. $O(n^2)$ (vgl. Bsp. 3; beachte, dass z.B. R ebenfalls eine Schleife enthält):

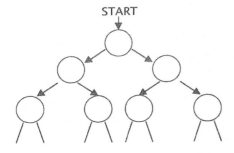

"Schleife in Schleife"

4. $O(2^n)$:

START

"Binärer Baum"

Aufgaben:

1.) Analysieren Sie die Algorithmen aus 3.2. auf ihr Zeitverhalten.

2.) Analysieren Sie den Algorithmus auf Seite 13 auf sein Zeitverhalten.

3.) Gegeben sei folgender Algorithmus zur Ermittlung des Maximums einer endlichen Menge (wir nehmen an, für die Mächtigkeit n der Menge gelte: $n = 2^k$).

Schritt 1: Speichere die gegebene Menge.

Schritt 2: Bilde aus den gespeicherten Mengen Mengen der Mächtigkeit n: $= n/2$.

Schritt 3: Falls n>2:
⟶ Schritt 2.
sonst: Schritt 4.

Schritt 4: Ermittle von jeder Menge die grössere Zahl.
⟶ Schritt 5.

Schritt 5: Speichere die jeweils grössere Zahl und lösche die kleinere.

Schritt 6: Falls der Speicher mehr als eine Zahl enthält:
⟶ Schritt 7.
sonst: Stopp "Gib die Zahl als Lösung aus".

Schritt 7: Fasse die Zahlen des Speichers zu einer Menge zusammen.
⟶ Schritt 2.

Analysieren Sie diesen Algorithmus auf sein Zeitverhalten.

3.5.3.   Die Klassen $\mathcal{P}$ und $\mathcal{NP}$

Für die häufigsten Rechenzeiten gilt:

$$O(1) < O(\log(n)) < O(n) < O(n \bullet \log(n)) < O(n^2) < O(n^3) < O(2^n).$$

(Beachte: Die Exponentialfunktion wächst schneller als jede Potenzfunktion)

Wir veranschaulichen diese Relationen durch folgendes

• Beispiel: Ein Problem habe den Umfang n=64. Wir nehmen an, die
                     Ausführungszeit für eine Operation betrage 1
                     Mikrosekunde (d.h. 10^{-6} Sekunden):

Algorithmus	Zeitbeschränkt durch	Grössenordnung der maximalen Ausführungszeit
I	$O(1)$	10^{-6} sec.
II	$O(\log(n))$	$6 \bullet 10^{-6}$ sec.
III	$O(n)$	$64 \bullet 10^{-6}$ sec.$= 6,4 \bullet 10^{-5}$ sec.
IV	$O(n \bullet \log(n))$	$384 \bullet 10^{-6}$ sec.$=3,84 \bullet 10^{-4}$ sec.
V	$O(n^2)$	$4096 \bullet 10^{-6}$ sec.$=4,096 \bullet 10^{-3}$ sec.
VI	$O(n^3)$	$262.144 \bullet 10^{-6}$ sec.$=0,262144$ sec.
VII	$O(2^n)$	570.000 Jahre!!!!!!!!!!!!!!!!!!!!!!!!!!!!!!!

Diese Betrachtung motiviert die folgenden Definitionen:

Definition: $\mathcal{P}$ sei die Menge aller Algorithmen, deren
      Zeitbeschränkungsfunktion T(n) ein Polynom ist. Man sagt: Die
      Algorithmen aus $\mathcal{P}$ entscheiden die jeweiligen Probleme in
      polynomialer Zeit.

Definition: $\mathcal{NP}$ sei die Menge aller Algorithmen, die durch eine
      Exponentialfunktion zeitbeschränkt sind, wobei eine spezielle
      Berechnung in polynomialer Zeit erfolgt. Ein Element aus $\mathcal{NP}$ wird
      in exponentieller Zeit entschieden.

- Beispiel:

Das Handlungsreisendenproblem gehört der Klasse $\mathcal{NP}$ an: Für sämtliche Rundreisen benötigen wir eine Zeit proportional zu $(n-1)!$.

Dabei gilt: $n! \sim \sqrt{2\pi n}\; e^{-n} n^n >> 2^n$ (vgl. die Bäume auf Seite 101 und 106).

Eine spezielle Rundreise kann aber offenbar in der Zeit $O(n)$ berechnet werden.

Bemerkung:

Die Klasse $\mathcal{P}$ gilt als die Menge der *effizient lösbaren Algorithmen*, die Klasse $\mathcal{NP}$ umfasst diejenigen Algorithmen, die als *ineffizient* gelten.

Aufgabe:

Seien A_1, A_2, ...,A_n Aussagen und $f(A_1, A_2, ...,A_n)$ ein mittels dieser Aussagen mit Hilfe der Operatoren "$\neg$", "$\vee$" und "$\wedge$" gebildeter aussagelogischer Ausdruck. Man zeige: Das Erfüllbarkeitsproblem (vgl. Seite 12) hierfür gehört der Klasse $\mathcal{NP}$ an.

3.5.4. $\mathcal{NP}$-Vollständigkeit

Offenbar gilt: $\mathcal{P} \subset \mathcal{NP}$; jeder effizient lösbare Algorithmus ist trivialerweise auch ineffizient lösbar. Eines der fundamentalen Probleme der Theoretischen Informatik besteht in der Frage: Gilt auch die Umkehrung $\mathcal{NP} \subset \mathcal{P}$? Also: Ist jeder ineffiziente Algorithmus auch effizient lösbar?

▪ *Polynomiale Zeitumwandler*

Wir transformieren eine Sprache L in eine Sprache L' in polynomialer Zeit.

Allgemein:

Definition: Seien L, L' zwei Sprachen. Ein Algorithmus M heisst polynomialer Zeitumwandler von L in L', genau dann wenn er bei Eingabe von $w \in L$ nach endlich vielen Schritten $w' \in L'$ ausgibt und hierfür polynomiale Zeit benötigt.

● Beispiele

1. "Lösen von linearen Gleichungen"
   Wir transformieren die Gleichung $ax+b=0$ in die äquivalente Form $x=-b/a$
   (vgl. 1.3., Satz 6).

2. Wir verwandeln mit Hilfe des Höhensatzes ein Rechteck in ein flächengleiches Quadrat.

3. Sei G ein unvollständiger Graph. Das Problem der Hamilton`schen Kreise besteht darin: Gibt es einen Linienzug, der vom Ausgangsknoten aus durch jeden Knoten genau einmal führt und wieder zum Ausgangsknoten zurück?
   Wir transformieren dieses Problem in das Handlungsreisendenproblelm.

Schritt 1:   Wir weisen jedem Bogen des gegebenen Graphen die Länge
                 0 zu (benötigte Zeit: $O(n^2)$).
Schritt 2:   Nun vervollständigen wir den Graphen indem wir jeden
                 Knoten, falls erforderlich, mit jedem anderen verbinden.
                 Jedem dieser Bögen weisen wir die Länge 1 zu (benötigte
                 Zeit: $O(n^2)$).

Das hieraus entstehende Handlungsreisendenproblem hat offenbar dann
und nur dann die Lösung 0 für die Optimallösung, wenn das
ursprüngliche Problem einen Hamilton`schen Kreis enthielt.

Bemerkung:

Offenbar ist die eben beschriebene Transformation unter praktischen
Gesichtspunkten nur dann sinnvoll, wenn das neue Problem effizient lösbar
ist. Für das Handlungsreisendenproblem beispielsweise ist das bis heute
leider nicht der Fall!

- *$\mathcal{NP}$-Vollständigkeit*

Können sämtliche ineffizient lösbaren Probleme auf ein einziges Problem in
effizienter Zeit reduziert werden? Genauer:

Definition: Eine Sprache (Problemklasse) L heisst $\mathcal{NP}$-vollständig, genau dann
                wenn gilt:

         (i) $L \subset \mathcal{NP}$.
         (ii)   Sei $L' \subset \mathcal{NP}$. Dann gibt es einen polynomialen
                Zeitumwandler von L' in L.

Dabei entstehen nun folgende Fragen:

1. Gibt es überhaupt $\mathcal{NP}$-vollständige Probleme?
2. Falls ja, ist ein $\mathcal{NP}$-vollständiges Problem effizient lösbar?

Bemerkung:

Falls beide Fragen positiv beantwortet werden könnten, könnten somit sämtliche Probleme effizient gelöst werden.

Die erste Frage beantwortet der Satz von Cook.

Satz (Cook): Das Erfüllbarkeitsproblem der Aussagelogik ist $\mathcal{NP}$-vollständig.

Beweis:

(i) Wir wissen: Das Erfüllbarkeitsproblem liegt in $\mathcal{NP}$ (vgl. 3.5.3., Aufgabe).

(ii) Sei L' $\subset \mathcal{NP}$ und M eine Turing-Maschine, die w' $\in$ L' entscheidet. Wir konstruieren in polynomialer Zeit einen aussagelogischen Ausdruck, der dann und nur dann erfüllbar ist, wenn M w' $\in$ L' entscheidet:
Sei ohne Beschränkung der Allgemeinheit: $w = a_1 a_2 ... a_n$ (gegebenenfalls nummerieren wir sonst die Elemente des Alphabets um). Weiter habe das Alphabet m verschiedene Elemente und die Anzahl der Zustände von M sei z. Da L' in $\mathcal{NP}$ liegt wissen wir, dass es eine Entscheidung gibt, die nach spätestens p(n) Schritten erreicht wird, wobei p(n) ein Polynom ist. Wir dürfen annehmen, M führe dabei genau p(n) Bewegungen aus (sonst lassen wir die restlichen Bewegungen leer ablaufen). Wir bilden nun mit Hilfe der Turing-Tafel von M folgende Aussagen:

$\mathcal{A}_K$: "Die Maschine M befindet sich bei ihrer Entscheidung für w' $\in$ L' bei der i-ten Bewegung in der Konfiguration $K = (l, a_i, v, l')$".

Nach den obigen Ausführungen enthält das Konfigurationsschema für M (m+1)•z Zeilen (beachte das Blank!), insgesamt gibt es also (m+1)•z•p(n) verschiedene solche Aussagen, die somit in polynomialer Zeit gebildet werden können (beachte: mit p(n) ist auch das obige Produkt ein Polynom).

Mit diesen Aussagen bilden wir nun Terme, die folgendes besagen:

1. Für jede Bewegung i ist genau ein $\mathcal{A}_{iK}$ wahr.
2. Den Start der Bewegung von M.
3. Jeder Schritt von M erfolgt aus dem vorangegangenen durch eine zulässige Bewegung.
4. Das Ende des Algorithmus.

Konkret folgt dann:

1. $$\bigwedge_i \left[\bigvee_K \mathcal{A}_{iK} \wedge \neg \bigvee_{K \neq K'} (\mathcal{A}_{iK} \wedge \mathcal{A}_{iK'}) \right]$$

2. $$\bigvee_K \mathcal{A}_{iK} = \mathcal{A}_{1(1,a1,v,l)} \qquad \text{"START"}$$

Ähnlich können die übrigen Aussagen gebildet werden.

Jede dieser Aussagen kann in polynomialer Zeit gebildet werden. Nun bilden wir die Konjunktion dieser vier Aussagen. Auch für deren Bildung gilt polynomiale Zeit. Aus der Konstruktion folgt nun:

Die zuletzt gebildete Konjunktion ist dann und nur dann erfüllbar, wenn die Turing-Maschine M w' ∈ L' entscheidet.

Die zweite Frage, ob es nämlich effizient lösbare $\mathcal{NP}$-vollständige Probleme gibt, kann bei dem momentanen Kenntnisstand nicht beantwortet werden.

Bemerkung:

Inzwischen konnte auch von zahlreichen anderen Problemen gezeigt werden, dass sie $\mathcal{NP}$-vollständig sind, insbesondere gilt dies auch für das Handlungsreisendenproblem. Da gerade für dieses besonders intensive Anstrengungen für eine effiziente Lösung unternommen wurden und diese sämtlich fehlgeschlagen sind, geht man heute davon aus, dass $\mathcal{P}$ eine echte Teilmenge von $\mathcal{NP}$ ist.

Alle Probleme

$\mathcal{P}$: effizient entscheidbar
$\mathcal{NP}$: ineffizient entscheidbar

Bemerkung:

Die obige Analyse geht sozusagen jeweils vom schlechtesten Fall aus. Es ist durchaus denkbar, dass eine Lösung auch vor Abprüfen sämtlicher Fälle gefunden wird. So gehört der Simplex-Algorithmus der Klasse $\mathcal{NP}$ an, gilt aber in allen praktischen Fällen als effizient! Eine verfeinerte Analyse unterscheidet dann noch zwischen dem besten, durchschnittlichen und schlechtesten Fall.

Aufgabe:

Diskutieren Sie die in 0.2. angesprochene Problematik anhand des obigen Schaubildes.

Literaturhinweise

Wer mehr über Theoretische Informatik, sowie die hier angesprochene Problematik erfahren möchte, dem seien die nachfolgenden Bücher empfohlen.

Lewis, H.R., Papadimitriou, C.H.: "Elements of the Theory of Computation". Prentice-Hall, New Jersey u.a., 1981.

"Didaktisch hervoragend aufgebaut vermittelt das Buch die wesentlichen Inhalte der Theoretischen Informatik. Wer die ersten Schwierigkeiten und Klippen überwunden hat, dem sei das Werk nachdrücklich empfohlen".

Hopcraft, J.E., Ullman, J.D.: "Einführung in die Automatentheorie, Formale Sprachen und Komplexitätstheorie". Addison-Wesley Publishing Company, Inc., Bonn u.a., 1988.

"Obwohl der Titel unter anderem das Wort "Einführung" führt, geht das Buch doch sehr weit und tief in die Inhalte der Theoretischen Informatik ein. Hierdurch bedingt ist für die Lektüre ein nicht unbeträchtliches Mass an Konsequenz und mathematischer Vorbildung notwendig. Wer sich aber das Buch erarbeitet hat, verfügt über fundamentale Kenntnisse und darf für sich in Anspruch nehmen, über die Theoretische Informatik auch in Detailfragen umfassend zu verfügen".

Hermes, H.: "Aufzählbarkeit, Entscheidbarkeit, Berechenbarkeit". Springer-Verlag, Berlin, Heidelberg, New York, 1978.

"Dieses kompakte und kompetent geschriebene Buch sei demjenigen empfohlen, der sich tiefere Kenntnisse über den mathematischen Hintergrund der Algorithmentheorie erarbeiten möchte. Das Buch erfordert allerdings tiefgehende mathematische Kenntnisse".

Salomaa, A.K.: "Formale Sprachen". Springer-Verlag Berlin, Heidelberg, New York, 1978.

"Das Standardwerk für formale Sprachen! Die schwierige Thematik wird in ausgezeichneter Art und Weise erarbeitet. Mathematische Kenntnisse sind allerdings erforderlich".

Horowitz, E., Sahni, S.: "Algorithmen". Springer-Verlag Berlin, Heidelberg, New York, 1981.

"Das Buch wendet sich an denjenigen, der an dem Bezug der theoretischen Algorithmenanalyse zu konkreten Algorithmen interessiert ist. Diese werden umfassend dargestellt, klassifiziert und ihre jeweilige Implementierung beschrieben".

Goldschlager, L., Lister, A.: "Informatik". Hanser, München und Wien, 1990.

"Dieses Buch sei insbesondere demjenigen empfohlen, der mehr an der konkreten Umsetzung der in der Theorie angesprochenen Fragen interessiert ist. Weitergehende Mathematikkenntnisse sind hierbei nicht erforderlich".

Darüber hinaus verweisen wir auf die in diesen Büchern genannte Literatur.